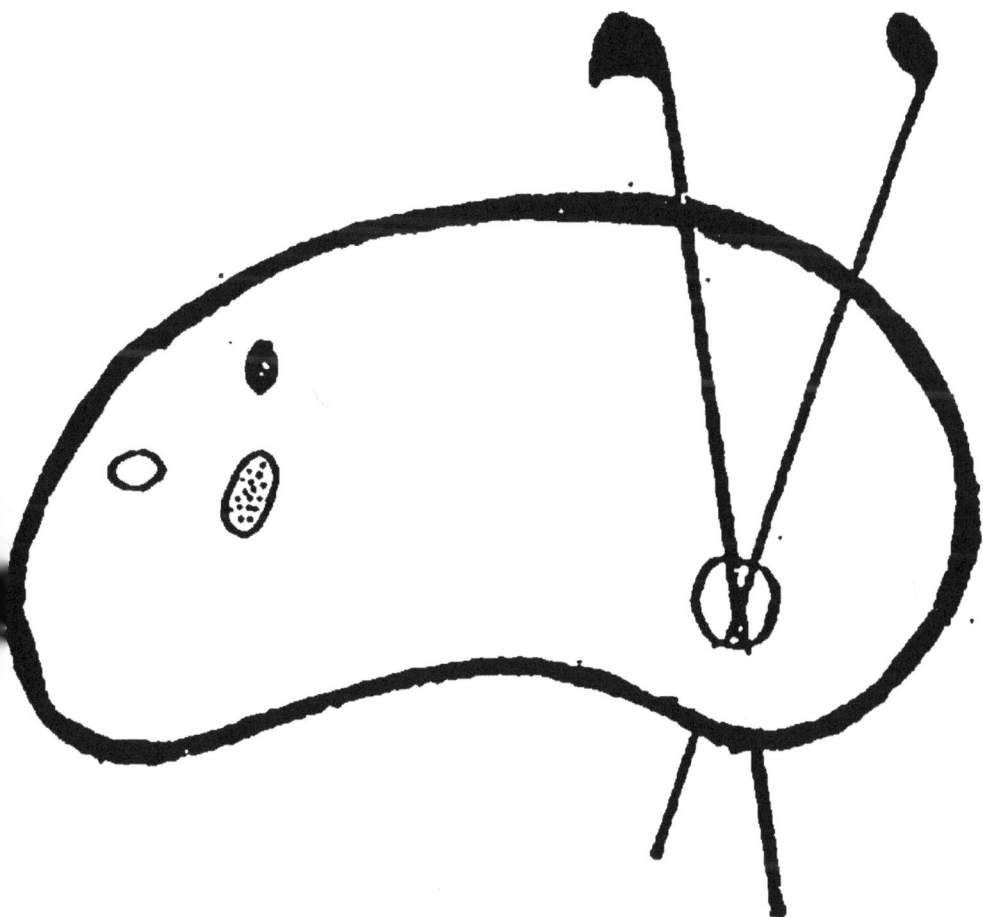

DEBUT D'UNE SERIE DE DOCUMENTS
EN COULEUR

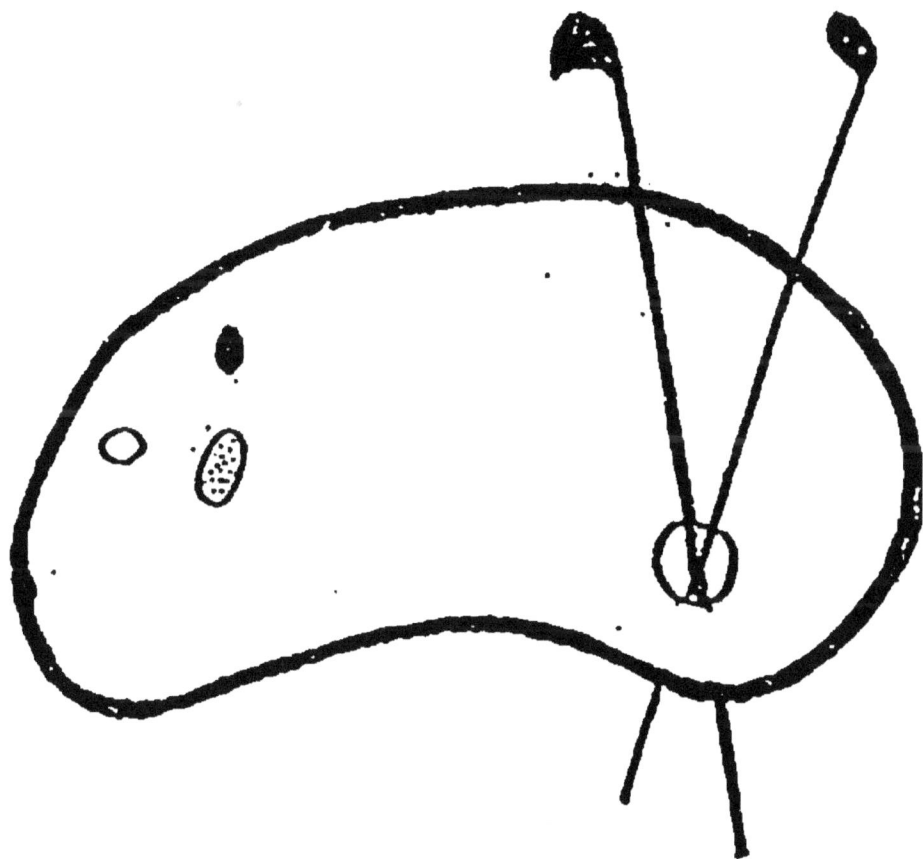

FIN D'UNE SERIE DE DOCUMENTS
EN COULEUR

LA VERTU EN EXEMPLES

3e SÉRIE IN-8o.

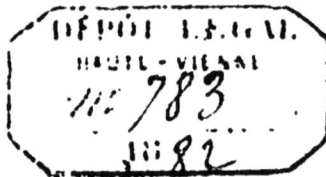

LA
VERTU EN EXEMPLES

PAR

M. LE COMTE P. DE SÉGUR.

LIMOGES
EUGÈNE ARDANT ET Cᵒ, ÉDITEURS.

LE BON NÈGRE.

Charles avait huit ans et Marie en avait six lors
qu'ils s'embarquèrent avec leur mère pour l'Amérique.
Leur père, nommé Willfeld, avait éprouvé dans le
commerce des pertes considérables; sa ruine fut la
suite de ce malheur, et le chagrin le conduisit de bonne
heure au tombeau. Après sa mort ses créanciers s'em-
parèrent de ses biens, sans en laisser la plus petite
partie à sa malheureuse famille.

Cependant madame Willfeld avait en Amérique un
frère aîné très riche : ce fut à lui qu'elle s'adressa dans
son infortune. Après avoir attendu longtemps sa réponse, elle reçut enfin une lettre de lui, dans laquelle il
l'engageait à venir le trouver avec ses enfants; il lui

envoyait en même temps une forte somme d'argent pour les frais du voyage.

Il n'y avait que la plus grande détresse et une aussi grande inquiétude sur l'avenir de Charles et de Marie qui pussent décider cette bonne mère à quitter sa patrie et à faire un voyage aussi périlleux avec sa jeune famille. Elle ne s'y détermina qu'après avoir mangé presque toute la somme qui lui avait été envoyée, et lorsqu'elle se vit sans ressources. A peine lui restait-il de quoi faire le voyage. Aussi ne trouva-t-elle qu'avec peine un capitaine de vaisseau qui voulut bien la recevoir à son bord pour une somme d'argent insuffisante, et sur la promesse que son frère achèverait de le satisfaire.

Dès les premiers jours de son voyage, madame Willfeld sentit qu'elle ne pourrait pas le supporter. Sa santé était trop altérée par les chagrins et trop fatiguée par les soins qu'elle prodiguait à Charles et à Marie, malgré ses souffrances. Bientôt ses forces épuisées l'abandonnèrent entièrement, et une prompte mort termina ses malheurs. Mais ses derniers moments furent empoisonnés par le désespoir de laisser ses enfants à la merci d'une foule de grossiers marins.

Le capitaine, homme dur, né à bord, avait à peine connu ses parents; de sorte que les doux liens de la famille lui étaient étrangers. Il ne vit dans Charles et Marie que des êtres qui lui étaient d'autant plus à charge qu'il craignait d'être obligé de les garder; car les papiers de madame Willfeld étaient perdus, et tout ce qu'on put tirer des enfants, ce fut que leur oncle s'appelait Gottfried, et qu'il était riche. Aussi le capitaine et presque tout l'équipage les traitaient-ils dure-

ment; de manière qu'ils se seraient trouvés dans une
position très fâcheuse, si quelques matelots compatis-
sants n'avaient pas pourvu à leurs besoins les plus indispensables.

Charles et Marie pleurèrent leur bonne mère plus
longtemps et plus amèrement que ne le font ordinairement les enfants de leur âge. L'affection qu'ils
avaient l'un pour l'autre était d'autant plus vive qu'ils
se voyaient abandonnés de tout le monde. Aussi devin-
rent-ils inséparables. Lorsqu'ils étaient seuls, ils ne
parlaient que de leur mère et de leur oncle Gottfried,
car ils espéraient trouver en lui un second père.

Souvent ils s'asseyaient en silence sur le tillac, et
quand ils pensaient que leur bonne mère, au lieu d'ê-
tre auprès d'eux, était dans le fond de la mer, ils se
seraient volontiers jetés dedans pour aller la rejoindre
mais ils étaient retenus par la crainte d'agir contre la
volonté de Dieu; car leur mère leur avait appris de
l'onne heure à espérer une autre vie où seraient réunis
seulement ceux qui auraient supporté avec patience les
peines de ce monde.

Enfin le pilote cria : *Terre !* Charles et Marie s'élancèrent sur le pont, et virent sur l'horizon s'élever un
point noir qui s'étendit peu à peu, jusqu'à ce qu'enfin
ils distinguèrent une ville et un port, où bientôt leur
vaisseau jeta l'ancre.

Comme après avoir mis à terre les passagers, on
s'était occupé à débarquer les marchandises, il n'est
pas étonnant qu'au milieu d'une si grande agitation
les deux pauvres enfants eussent été négligés. Dans
leur impatience de marcher librement sur la terre
ferme, après avoir été si longtemps renfermés entre des

planches et dans un si petit espace, ils se mirent à courir çà et là bras dessus, bras dessous, demandant à chacun leur oncle Gottfried, et s'étonnant de ce qu'on les regardait d'un air surpris sans leur rien répondre.

C'est qu'ils s'exprimaient dans une langue étrangère et qu'on ne comprenait pas. Cependant ils avançaient toujours si étourdiment, qu'en courant après tous ceux qu'ils voyaient devant eux comme si ç'avait été leur oncle, ils se trouvèrent hors de la ville ; déjà même ils l'avaient perdue de vue quand ils s'aperçurent de leur imprudence.

Ce fut en vain qu'alors ils voulurent retourner sur leurs pas ; ils s'éloignèrent toujours de plus en plus, et s'étant égarés complètement, ils se trouvèrent près d'une forêt n'apercevant autour d'eux ni hommes, ni habitations, ni vivres. Cent fois plus malheureux que dans leur vaisseau, ils se laissèrent tomber au pied d'un arbre, accablés de fatigue et tourmentés par la faim, par la soif et par une terreur très excusable.

Lorsqu'ils eurent pleuré quelque temps, Charles résolut d'aller à la découverte et de revenir ensuite pour reprendre sa sœur, aussitôt qu'il aurait trouvé quelque secours. Marie, qui ne pouvait plus marcher, continuait à se désoler, et ne voulait pas que son frère la quittât. Charles essuya ses larmes et essaya de la porter sur ses épaules. Il était déjà parvenu à la mettre sur son dos, lorsqu'un Nègre, après les avoir examinés quelque temps, s'approcha d'eux et leur demanda ce dont ils avaient besoin.

Quoique Charles et Marie ne comprissent pas son langage, ils virent bien à ses gestes et au son de sa voix qu'elle était son intention ; et comme ils n'avaient

pas peur des figures noires, parce qu'ils en avaient vu
deux sur le vaisseau et plusieurs autres sur le port,
ils surent lui faire entendre qu'ils s'étaient égarés et
qu'ils souffraient de la soif et de la faim.

Ce bon Noir fut si attendri de leur malheur, qu'il
prit aussitôt la petite Marie sur ses bras, et fit signe à
Charles de le suivre dans sa cabane. Elle était près de
là, derrière le bois. Le voyage ne fut pas long, heureusement pour le pauvre Charles. Aussitôt arrivés, le Nègre étala devant eux toutes ses provisions, et parut
fort joyeux lorsqu'il les vit en user sans façon. En
même temps il leur prépara tout ce qui leur était nécessaire pour se reposer. Ce n'était qu'un lit d'herbes
couvert d'une natte de joncs, mais, dans ces climats brû-
lants, des lits comme les nôtres seraient trop chauds.

D'ailleurs Charles et Marie étaient depuis longtemps
accoutumés à souffrir; ils trouvèrent délicieux ce repas
assaisonné par la faim, et aussitôt après ils s'étendi-
rent sur leur natte et s'endormirent pleins de reconnaissance envers Dieu et le bon Nègre.

Lorsque le lendemain matin ils s'éveillèrent, leur
hôte était déjà parti pour son travail après leur avoir
laissé des fruits et du pain pour leur déjeuner. Dès
qu'ils les eurent mangés ils allèrent devant la cabane
dans un petit jardin où quelques volailles attirèrent
leurs regards.

La clôture du jardin consistait en groseilliers couverts de grappes. Marie montrait un grand désir d'en
cueillir; mais Charles lui fit observer que ces fruits ne
leur appartenaient pas, et qu'ils ne devaient pas y toucher sans la permission du propriétaire. Elle fut de son
avis, et s'en priva. Mais ils ne les trouvèrent que meil-

leurs lorsque leur nouvel ami, en rentrant à midi pour les soigner, les mena lui-même vers les groseillers en leur disant d'en manger tant qu'ils en voudraient.

Ces pauvres enfants, ayant totalement perdu l'habitude d'avoir quelqu'un qui les aimât, s'attachèrent bientôt au bon Nègre par les liens de la reconnaissance et de l'affection la plus vive : ils aimaient jusqu'à sa couleur noire et son langage qui leur était inconnu ; enfin ils saisissaient toutes les occasions de lui être agréables et de lui rendre de petits services pour lui témoigner leur gratitude.

Peu à peu ils parlèrent moins souvent de leur oncle Gottfried, et quand Marie pensait de temps à autre que, s'ils le trouvaient, il leur ferait de beaux pré-sents, Charles n'avait qu'à dire que pour aller le chercher il faudrait quitter leur bon Gorgo (c'est ainsi que s'appelait leur ami), et sa sœur avouait à l'instant qu'à ce prix elle aimait mieux ne pas recevoir les beaux présents de son oncle.

Il ne faut pas croire que Charles et Marie restassent oisifs ; ils n'auraient pas voulu laisser travailler pour eux leur bon Nègre sans l'aider, C'étaient eux qui, pendant l'absence de Gorgo, faisaient le ménage, nettoyaient la cabane, préparaient les aliments et avaient soin des poulets ; ils n'auraient certes pas été jouer sans que toutes les mauvaises herbes du jardin eussent été arrachées. Un jour même, pour faire plaisir à Gorgo, Charles coupa des branches d'osier dans un bois voisin, et en fit une belle corbeille, travail qu'il avait appris en Europe de sa mère. A son retour Gorgo trouva devant sa cabane ce joli ouvrage, que Marie avait garni de fleurs et rempli des plus belles fraises. Cette surprise eut

encore plus de succès que les deux enfants ne l'avaient
prévu. Gorgo n'avait jamais vu de sa vie rien de plus
joli ; il se mit à sauter, transporté d'une joie folle, en
embrassant et le panier et les enfants, qui mêlaient
leurs larmes de joie aux siennes.

Heureux du plaisir qu'il avait fait à son bienfaiteur,
Charles ne manqua pas de tresser plusieurs autres corbeilles ; et Gorgo, après avoir demandé la permission
à son surveillant, les porta au marché pour les vendre.
Le bonheur voulut qu'il trouvât à s'en défaire sur-le-
champ à un très bon prix : Dieu bénissait sa bonne
action et la reconnaissance de ses petit protégés. Gorgo
employa ce qu'il gagna ainsi à mieux entretenir les
deux petits Blancs qui lui devenaient tous les jours plus
chers.

Peu à peu ils s'instruisirent à s'entendre mutuellement: pendant que Charles et Marie apprenaient la langue de Gorgo, ce dernier apprenait celle des enfants,
et tous trois faisaient ainsi une famille très heureuse.

Ils passèrent plusieurs mois dans cette douce tran-
quillité ; rien ne la troubla, car Gorgo appartenait à
un bon maître, qui traitait avec beaucoup d'humanité
ses esclaves lorsqu'ils remplissaient bien leur devoir.
Le bonheur du bon Nègre en était augmenté, ainsi que
celui des petits Européens.

Comme les premiers profits de la vente des paniers
furent considérables, Charles mit beaucoup d'activité à
en tresser de nouveaux, et se donna toute la peine
possible pour les faire de plus en plus élégants. Il y réus-
sit en choisissant des baguettes de différentes couleurs,
et quelquefois en les pelant tantôt d'une manière, tantôt d'une autre. Ce travail intelligent et varié produisit

des corbeilles eharmantes qui eurent un grand succès dans la ville voisine.

Marie ôtait la pelure des baguettes et cueillait les fruits et les fleurs. Elle s'appliqua tant qu'elle finit par apprendre à faire aussi de jolis paniers, et qu'elle eut le plaisir de contribuer au bien-être de la famille. Leur petit commerce prospérait ; leurs corbeilles étaient aussitôt achetées qu'offertes : tout le monde en voulait avoir. Ils commençaient à mettre à part leurs profits ; chaque jour grossissait leur trésor, et déjà le sujet le plus habituel des conversations de Charles et de Marie était l'espoir de racheter la liberté de Gorgo. Bientôt même comme le trésor allait toujours en augmentant, ils bâtiraient une jolie cabane pour y vivre heureux tous les trois. Comme ils s'étaient aperçus que les compagnons de Gorgo étaient loin de lui ressembler, et que beaucoup étaient menteurs et fripons, ils eurent bien soin de cacher leur petite somme. Charles l'enterra dans un trou profond, à la place où était la natte sur laquelle il couchait, et que celle-ci recouvrait.

Gorgo, dès que sa tâche journalière était finie, avait l'habitude de courir à la ville pour y vendre des paniers il en revenait le soir même bien régulièrement, et même le plus souvent d'assez bonne heure. Qu'on se figure donc l'inquiétude des enfants, lorsqu'un soir ils descendirent inutilement : aussi ne voulurent-ils pas se coucher avant son retour. Toute la nuit se passa à veiller, à pleurer ; à chaque instant ils sortaient de la cabane, malgré une pluie battante, dans l'espérance de l'attendre ou de le voir arriver. Enfin le jour reparut, et Gorgo n'était pas encore rentré. Déjà l'heure à laquelle il devait se mettre à son travail était passée,

lorsque le surveillant des esclaves entra tout en colère
dans la case pour demander la cause de son absence.
Charles et Marie furent bien effrayés lorsqu'ils apprirent le cruel châtiment qui attendait leur ami ; ils ne
savaient plus s'ils devaient espérer son retour ou le
craindre,

Le pauvre Gorgo était victime d'une perfidie. Dans
les premiers temps, ses compagnons s'étaient moqués
de sa générosité envers les deux petits Blancs, avec qui
il partageait le peu qu'il gagnait.

Mais quand ils virent que le séjour de ces enfants
chez lui, loin de rendre sa position pénible, ne faisait
que contribuer à son aisance, ils lui portèrent envie
et cherchèrent à le rendre suspect au surveillant. Celui-
ci en écrivit au maître lui-même, que des affaires im-
portantes retenaient depuis plusieurs mois loin de son
habitation. La nouvelle de l'absence de Gorgo donna à
ses compagnons de nouveaux moyens de lui nuire : ils
allèrent jusqu'à faire croire au gérant que depuis longtemps Gorgo avait formé le dessein de s'enfuir et que
probablement il venait de le mettre à exécution. Ce gérant était l'homme du monde le plus négligeant ; il ne
connaissait de devoir que ses plaisirs ; ils passait ses
jours et ses nuits à la ville, de sorte que le caractère
des Nègres qu'il devait conduire lui était inconnu et
qu'il ignorait tout ce qui se passait sur l'habitation ;
sans cela l'existence de ces deux petits Blancs, depuis
trois mois dans la case d'un Nègre, aurait-elle pu être
ignorée ou soufferte ?

Les choses en étaient là quand le propriétaire de
l'habitation arriva. Quoiqu'il fut d'un caractère doux
et humain, le rapport qui lui fut fait contre Gorgo lui

parut très grave; il se promit bien de pas laisser impu-
nie une faute qui pouvait avoir les suites les plus fu-
nestes. D'ailleurs, on avait tant calomnié ce pauvre bon
Nègre qu'il le regardait comme un homme artificieux
méchant, et capable d'exiter une révolte parmi les esclaves. Il crut qu'il n'avait pas de temps à perdre pour ex-
tirper ce germe de sédition, d'autant plus que, dans une
île voisine, à Saint-Domingue, une insurrection avait
éclaté parmi les Noirs, et que son horrible résultat avait
été le massacre de tous les Blancs. Il envoya donc aussitôt des gens à la poursuite du fugitif, dont la tête fut
mise à prix. On ne fut pas longtemps à le trouver, car le
pauvre Gorgo, ayant été surpris par la nuit et par l'o-
rage, était tombé dans des mares bourbeuses, d'où il
n'avait pu se retirer que lorsque le jour était revenu
et après avoir failli se noyer.

·Ceux qui étaient envoyés à sa recherche le trouvèrent près de sa cabane; ils l'emmenèrent sans lui permettre d'aller voir Charles et Marie, qu'il voulait tran-
quilliser sur son absence.

Lorsque Gorgo se présenta devant son maître, et
qu'il voulut raconter franchement ce qui lui était arrivé,
ceux qui l'avaient saisi ne lui permirent pas d'achever:
ils se mirent à crier qu'il avait voulu se révolter, et
qu'il s'était même permis de proférer d'horribles menaces contre son maître. Cette circonstance excita la
colère du propriétaire, qui le condamna à mourir sans
vouloir entendre sa défense.

Tandis que cette victime de l'envie et de la calomnie
était sévèrement gardée, le plus violent de ses ennemis,
poussé par la cupidité, se glissa dans la cabane où
étaient restés les enfants. Son but était de s'emparer

du trésor de Gorgo avant ses camarades. Il commença
donc par effrayer les pauvres petits, en leur annonçant
que leur ami allait être exécuté. Puis il exigea d'eux
qu'ils lui montrassent le lieu où son argent était déposé.
Il leur promit qu'en récompense il les nourrirait, et
qu'il remplacerait son camarade dans les soins qu'il
leur avait prodigués.

Lorsque Charles et Marie apprirent que leur ami
allait périr, ils jetèrent des cris pitoyables et prièrent
qu'on les tuât avec leur bon Gorgo, déclarant qu'ils ne
pouvaient vivre sans lui, et que personne ne le remplacerait dans leur cœur.

Le méchant Nègre vit bien qu'il ne réussirait pas de
cette manière; et, craignant que leurs cris ne fussent
entendus, il s'efforça de les calmer. Il leur promit que
s'ils restaient tranquilles dans la cabane, il irait se jeter aux pieds du maître, qu'il en obtiendrait la grâce
et viendrait aussitôt leur annoncer cette bonne nouvelle. Il sortit après cette promesse, s'imaginant les
avoir persuadés, et se moquant de leur crédulité; car
le méchant noir se proposait de redoubler ses calom-
nies pour hâter le supplice de Gorgo, après quoi il
supposait qu'il ne lui serait plus difficile de s'emparer
de son trésor.

Mais à peine eut-il quitté la cabane, que Charles dit
à sa sœur qu'ils ne devaient pas se fier aux paroles de
ce misérable, et qu'il fallait qu'ils courussent aussitôt
pour implorer eux-mêmes la grâce de leur bienfaiteur.
Tous deux s'élancèrent hors de la cabane; ils couru-
rent sur les traces du méchant Nègre, et arrivèrent
tout hors d'haleine sur la grande place de l'habitation.
Là ils voient un poteau, à ce poteau un Noir qui y

était attaché. C'était Gorgo, le pauvre Gorgo qui y attendait la mort.

Les enfants le reconnaissent, ils se précipitent dans ses bras, ils le couvrent de baisers et de larmes, ils mêlent leurs sanglots aux siens. On veut en vain les arracher au bon Nègre, ils crient qu'on les tuera plutôt, et qu'ils veulent mourir avec lui. Les pleurs coulent des yeux de tous les Nègres qui n'étaient pas complices de la perte de Gorgo ; les uns saisissent le calomniateur, les autres vont avertir le maître de l'habitation de cet événement extraordinaire.

Cet homme était si prévenu contre Gorgo, qu'il crut d'abord que la révolte qu'on lui avait fait craindre commençait. Il sortit tout armé de sa maison dès la première rumeur ; mais les armes lui tombèrent des mains à la vue du spectacle touchant que lui présenta le lieu de l'exécution. Aussi étonné qu'attendri, il ordonna d'abord qu'on lui amenât les deux petits blancs, dont il avait jusque-là ignoré l'existence. Mais ceux-ci, persuadés qu'on ne voulait les séparer de Gorgo que pour terminer son supplice, se mirent à crier encore plus fort, et à le serrer plus fortement.

Un attachement si extraordinaire de deux enfants étrangers pour un esclave nègre augmenta l'intérêt et la curiosité du maître. Lui-même s'approcha d'eux et les rassura par toutes sortes de douces paroles. Charles et Marie regardèrent alors autour d'eux, et reconsésules et au langage, aux habits et à la couleur de celui qui leur parlait, qu'il devait être le maître de Gorgo, ils pensèrent à leur premier projet de demander sa grâce. Il n'y avait que le danger pressant que courait leur ami qui eût pu les en détourner un mot ment. Ils se jetèrent donc aux pieds du maître, et le prièrent, en versant un torrent de larmes, et avec les expressions les plus touchantes, de laisser la vie à leur ami.

Le maître de l'habitation, tout ému, et commençant à soupçonner la vérité, permit de délier Gorgo. Le ravissement de celui-ci en serrant les enfants dans ses bras, et la joie avec laquelle Charles et Marie embrassaient et caressaient de leurs petites mains blanches sa grosse figure noire, offraient un spectacle singulier et trop touchant pour que le maître ne désirât pas vivement en avoir une prompte explication.

Dès qu'ils furent remis de leur joie, il les fit venir devant lui, et demanda au Nègre depuis quand ces enfants le connaissaient. Gorgo lui raconta avec simplicité que, les ayant trouvés pleurant sous un arbre, il les avait emmenés dans sa cabane, où il les avait soignés et nourris jusqu'à ce jour. Alors le maître, de plus en plus étonné, s'informa du nom des enfants. Charles lui répondit : Je m'appelle *Charles Willfeld* et ma sœur *Marie Willfeld*.

Willfeld ! répéta avec émotion le maître ; vous vous appelez *Willfeld !* et d'où venez-vous donc? où est votre mère? ajouta-t-il d'une voix tremblante, et avec précipitation. A mesure que Charles répondait à ses questions, il prenait les deux enfants dans ses bras, il les pressait contre son cœur. Enfin il s'écria en les inondant de larmes de joie et de douleur : Mes enfants, mes chers enfants ! venez dans mes bras et ne me quittez plus : car je suis votre oncle Gottfried. Cette scène fut si touchante que les Nègres eux-mêmes répandirent des larmes d'attendrissement. Les ennemis de Gorgo

furent couverts de honte ; et, malgré les prières du bon
Nègre, le maître fit punir rigoureusement ses calom-
niateurs.

L'oncle Gottfried avait éprouvé une douleur profonde
en apprenant la fin malheureuse de sa bien-aimée
sœur, avec laquelle il aurait été si heureux de partager
ses richesses. Cependant il rendit grâces à Dieu d'avoir
veillé sur les jours de ces deux enfants, et de les avoir
conduits auprès de lui d'une manière si miraculeuse.

Sa reconnaissance envers l'honnête et bon Gorgo fut
complète. Il lui accorda sa liberté et lui fit présent
d'une belle cabane et d'une grande pièce de terre ;
mais le bon Nègre ne voulut pas se séparer de ses chers
enfants. Il accepta la liberté, mais à condition que son
bon maître lui permettrait de ne l'employer tout entière qu'à les servir et à veiller sur eux.

On pense bien que tout le monde fut d'accord là-des-
sus. M. Gottfried, qui devait à Gorgo la vie de son ne-
veu et de sa nièce, le prit chez lui, le laissant maître
d'y faire ce qu'il voudrait pour le reste de sa vie.

Longtemps après, quand Charles et Marie eurent
hérité de biens immenses que leur oncle leur légua, le
bon Nègre s'en trouva le maître aussi bien qu'eux.
Ils vécurent tous trois au milieu de ces richesses, en
se donnant les mêmes témoignages d'amitié, de confiance et de tendresse que lorsqu'ils étaient tous les
trois réunis dans la pauvre cabane.

LE COLLIER DE PERLES.

Il y avait une fois un roi et une reine qui avaient une fille unique nommée Lida, qu'ils aimaient par-dessus tout. Elle était belle, mais encore enfant; elle n'avait pour elle que sa beauté. Son âme était aussi laide que sa figure était jolie. La bonté seule devrait être belle; mais s'il n'en est pas toujours ainsi, du moins est-il vrai qu'elle seule se fait aimer. Aussi Lida, malgré sa beauté, était-elle détestée de tout le monde. Il faut pourtant en excepter son père et sa mère; leur aveuglement était inexcusable : mais ils étaient roi et reine, père et mère, deux titres avec lesquels il est assez ordinaire de se tromper sur le compte de ses favoris.

Ils avaient donné à leur chère fille une petit complaisante dans la personne de sa cousine Amélie. Sa

tâche était d'obéir à toutes les fantaisies de Lida, sous
peine d'en être soufOetée, égratignée, et même ensuite
bien grondée par la reine, si elle osait se défendre
ou même se plaindre

La pauvre Amélie pleurait quelquefois en secret sur
la conduite de sa cousine, et bien souvent sur sa propre situation. Elle voyait bien que chacun la plaignait
et qu'elle était aimée généralement, car elle était aussi
bonne que sa cousine était méchante. Cette bienveillance, cet intérêt si bien mérité, la soutenaient dans
ses chagrins. Elle aurait bien voulu retourner chez ses
parents; mais son père dépendait trop du roi son oncle pour qu'elle osât le demander. Elle se sacrifiait donc
au bien-être de sa famille bien différente de Lida, qui
ne songeait jamais qu'à elle-même et qui sacrifiait
toujours tout à ses moindres caprices.

Si quelque courtisan encore jeune et peu expéri-
menté, touché des souffrances d'Amélie et révolté des
mauvais traitements que sa cousine lui faisait éprouver, osait risquer quelque remontrance, Lida se mettait aussitôt à pleurer de rage, et criait si fort, que sa
mère accourait pour l'apaiser et disgracier aussitôt
l'insolent qui avait osé contredire sa chère fille et lui
causer un moment de chagrin

On pense bien qu'avec une telle éducation, Lida, en
embellissant chaque jour, devenait chaque jour plus
impérieuse, plus sotte et plus détestable. Sa capricieuse
méchanceté tourmentait tout, les hommes, les animaux, et jusqu'aux plantes. Elle effeuillait les fleurs, arrachait aux mouches et aux papillons leurs ailes; elle
avait crevé l'œil de son chien d'un coup d'éventail;
son perroquet favori n'avait plus de ces plumes bleues

vertes et rouges qu'elle aimait à regarder et que pourtant elle lui avait arrachées dans un mouvement de colère

L'esprit de cette princesse était aussi inculte que son cœur. Sa mère, à force de prières et de riches présents, avait bien obtenu d'elle qu'elle se laissât approcher par des maîtres; mais loin de profiter de leurs leçons, elle ne les écoutait jamais. Pendant qu'ils s'épuisaient à lui répéter chaque jour les principes de différentes sciences, elle les pinçait, leur arrachait les livres des mains et les jetait sous la table avec l'encre et le papier. Bientôt ils ne la regardèrent plus, malgré ses jolis traits, tant le vice enlaidit et rend insupportable la beauté même.

Il arriva que plusieurs fois ils furent près de s'exposer à la fureur du roi en refusant de continuer à lui donner des leçons qu'elle dédaignait ; mais ils furent toujours retenus par la douceur et la bonté d'Amélie, par le désir qu'elle montrait de s'instruire, par ses progrès rapides dans toutes les connaissances qui rendent une jeune personne si attrayante, et enfin par l'intérêt que leur inspiraient sa docilité, ses qualités, et surtout le malheur de sa situation.

Pendant qu'Amélie travaillait, Lida courait de chambre en chambre, bouleversant tout; puis elle descendait dans les jardins du palais. Là, elle se plaisait à écraser les plate-bandes, à briser les arbustes, à fouler aux pieds les plantes les plus précieuses, et à rire méchamment quand le jardinier regardait d'un air désespéré le travail de toute son année détruit en un moment.

Le temps que Lida employait à tourmenter ainsi

les autres était le seul moment de repos qu'avait Amélie. Elle en profitait pour cacher bien vite ses livres et
ses instruments, dès que ses maîtres étaient partis;
car si la princesse les avait trouvés sous sa main, elle
les aurait brisés ou déchirés comme les siens, et en aurait fait infailliblement un feu de joie.

Peu à peu les défauts de la princesse furent connus
de tout le royaume. Ils devinrent si insupportables,
que ses parents s'aperçurent enfin de leur aveuglement. Mais comme Lida avait pris insensiblement l'habitude de faire toutes ses volontés, il était trop tard
pour essayer de la corriger. La reine manqua donc de
courage pour entreprendre une tâche si difficile. Elle
s'aperçut en même temps des sentiments d'aversion que
sa fille inspirait à tout le monde, et que ses sujets, en la
voyant si méchante, redoutaient le moment où, deve-
nant leur reine, elle joindrait à la volonté du mal la
toute-puissance de le faire.

La pauvre reine, au désespoir, ne trouva d'autre
moyen de mettre fin à sa douleur et à ses appréhen-
sions, que de se laisser mourir de chagrin, d'inquiétude et du remords d'avoir contribué, par sa faiblesse,
au malheur de tant de personnes.

Ce qui étonna, c'est que lorsqu'on vint pour la transporter à sa dernière demeure, on ne trouva plus
son corps.

Cette reine avait été une personne accomplie, à l'ex-
ception de son aveuglement pour sa fille. Néanmoins
il se répandit alors le bruit que madame Holla, la fée
protectrice de ces contrées, l'avait enlevée pour la punir, dans ce monde-ci ou dans l'autre, d'avoir si mal
élevé l'héritière du trône. Cela parut, il est vrai, un

peu sévère, et nt même dire que si les fées allaient se mettre à traiter ainsi toutes les mères qui gâtent leurs enfants, il n'y aurait plus que des orphelins.

Le roi ne cacha pas à sa fille que son indocilité et son mauvais caractère avaient causé la mort de sa mère. Lida en fut si vivement touchée qu'elle parut douce et assez obligeante pendant au moins trois jours. Il y eut aussitôt des courtisans qui crièrent au miracle, et qu. certifièrent que la princesse était radicalement corrigée. Dans le vrai, il était assez naturel de s'y attendre après un tel malheur et une leçon si cruelle ; mais cet espoir prématuré fut bien trompé, car dès le quatrième jour, Lida se conduisit cent fois plus mal qu'auparavant.

Ce fut surtout alors que sa dureté, sa hauteur envers ses inférieurs, et son insensibilité pour les malheureux, révoltèrent tout le monde. Et cependant la bonne Amélie donnait aux pauvres le peu d'argent qu'elle recevait ; mais ce bon exemple était perdu pour Lida. Quand sa cousine avait épuisé sa bourse, et qu'il se présentait encore des pauvres devant le palais, comme cela arrivait souvent, elle se refusait inhumainement à toutes ses instances, et se moquait du malheur de ces pauvres gens

Un jour qu'Amélie avait donné tout son argent à une famille infortunée, elle aperçut sous ses fenêtres une petite vieille toute courbée, qui marchait avec peine, appuyée sur un bâton, et qui lui tendait la main d'un air suppliant.

Amélie, quoiqu'elle eût souvent prié fort inutilement sa cousine de l'aider dans ses aumônes courut aussitôt s'exposer à un nouveau refus. Elle lui peignit avec la plus touchante éloquence la misère de la pauvre vieille ; mais Lida, qui n'avait jamais connu la souf-rance, demeura insensible ; bien plus, elle s'irrita des prières de sa cousine, qu'elle traita d'importune, l'accusant de n'aimer que la canaille, et d'attirer tous les mendiants du royaume autour du palais de son père.

Amélie, émue jusqu'aux larmes, et redoutant la colère de la princesse pour la bonne vieille, retourna bien vite à sa fenêtre pour lui faire signe de s'en aller. Mais ce fut inutilement la vieille s'obstina à rester, et Amélie, entendant sa cousine venir, arracha prompte-ment son collier de perles qu'elle jeta précipitamment à la pauvre mendiante pour la satisfaire et hâter son départ.

Lida arrivait en cet instant; elle s'élança pour s'oppo-ser à cette bonne action ; mais ne l'ayant pu, elle se consola en vidant une carafe sur la tête de la malheu-reuse vieille. Elle lui cria en même temps : « Prends, » prends encore cela, vieille sorcière, et tu pourras » aller te sécher dans l'antre de madame Holla, à la-» quelle tu ressembles si fort, si tout ce qu'on dit de » sa laideur est véritable. »

Ces mots furent accompagnés d'un grand éclat de rire que lui inspira ce trait de son méchant esprit. Mais sa gaieté fit bientôt place à la terreur la plus complète, quand elle aperçut la vieille redresser son dos voûté, la regarder avec des yeux étincelants, et lui répondre : « Oui, certes, je ressemble beaucoup à madame Holla, » car c'est moi-même. Vois-tu ce collier que tu aurais « voulu m'arracher? eh bien ! je t'en ferai gagner cha-» que perle par ta docilité, ta douceur, ta bienfai-

» sanco et ton application au travail ; car je veux à la
» fois te punir et te corriger. Tu ne reviendras prin-
» cesse et ne rentreras chez ton père que lorsque tu
» seras digne de rapporter à la bonne Amélie ce gage
» de sa bienveillance, sans qu'il y manque une seule
» perle. » A ces mots son bâton, qu'elle tenait levé
s'allongea subitement, il atteignit le front de Lida
Amélie se mit à crier grâce ; mais c'en était fait, et déjà
la princesse, la baguette et la fée avaient disparu.

A dix lieues de la capitale, au milieu d'une grande
forêt, s'élevait une montagne toute de roches, dont
la crête élevée, aiguë et circulaire, renfermait un bassin profond. Personne encore, excepté quelques chasseurs de chamois, n'avait pu atteindre ses bords, tant
ils étaient raides et escarpés. On savait seulement, par
le rapport de ces chasseurs, que le fond de ce bassin
formait une petite vallée étroite, courte, sombre, et
tellement environné de rochers à pic et droits comme
des murs, qu'il devrait être impossible d'en sortir, à
moins d'un pouvoir surnaturel.

Un petit lac occupait le milieu de cet enfoncement,
et une petite île le milieu du lac. Cette vallée s'appelait
le Trou ou *le Val du Rocher*. Telle était, d'après l'opi-
nion populaire, la demeure de la célèbre *madame
Holla* ; c'était une fée, selon les uns ; d'autres lui donnaient le nom de *Magicienne*. Chacun en rapportait
des histoires bizarres et variées, mais tous s'accor-
daient à dire qu'elle récompensait les filles sages,
qu'elle aimait à rendre service aux honnêtes gens,
mais qu'elle punissait sévèrement les paresseuses, et
surtout les filles capricieuses et entêtées, ce qui lui
donnait beaucoup d'ouvrage surtout lorsqu'elle se

mettait en tête de les corriger. Il paraît même que sa
réputation de fée ou de magicienne lui venait d'avoir
réussi quelquefois dans une entreprise aussi difficile.

Quelques chasseurs égarés, qui avaient passé la nuit
sur le rocher, prétendaient avoir vu du feu dans le
fond de la vallée : c'était, selon eux, celui de la cuisine
de madame Holla. On racontait même qu'une nuit, un
chasseur affamé, attiré par l'odeur de cette cuisine,
ne put s'empêcher de s'inviter à dîner chez la vieille.
Il cria donc si fort au travers des rochers, que l'écho
de sa propre voix l'effraya. Cependant, bientôt après,
il vit s'avancer lestement sur les pointes des rochers
une petite vieille qui tenait à sa main droite une lanterne, et, de sa gauche, une corbeille. Après lui avoir
fait un signe d'amitié, elle étendit devant lui une nappe
sur laquelle elle posa une petite soupière pleine d'un
potage appétissant, puis un beau plat garni d'un rôti
cuit à point, qu'elle accompagna d'une bouteille de vin,
après quoi elle disparut.

Le chasseur croyait rêver. D'abord il flaira, puis
tâta ces mets; et quand, à la lueur de la lanterne, il
se fut assuré de leur réalité, il se recommanda à Dieu,
et y mit une dent, puis l'autre, puis toutes; car il
n'avait, disait-il, jamais rien mangé de si parfait. Bien
rassasié, il s'endormit, et ne se réveilla qu'au jour,
qui lui montra un petit déjeuner fort propre servi dans
un plat d'or pur. Il ne manqua pas d'y faire honneur
et de boire à la santé de madame Holla; mais quand
il n'eut plus qu'à continuer sa chasse, il fut bien embarrassé de ce qu'il ferait du beau plat d'or. Rien au
monde ne le lui aurait fait emporter, et pourtant il ne
lui semblait pas honnête de le laisser sur la place à la

merci de quelque autre chasseur qui pourrait bien en
faire son profit. Il se levait, se rasseyait, et ne savait
à qui se résoudre, lorsqu'en tournant et retournant
ce vase qui le mettait dans un si grand embarras, il
aperçut ces mots joints à son nom : « Souvenir de madame Holla pour l'honnête chasseur. »

De retour à la ville, il raconta son aventure, dont
le plat d'or témoignait assez la vérité. Le bruit s'en répandit aussitôt. Chacun voulut le voir, et sur-le-champ
il prit à tous les habitants, jusqu'aux plus goutteux,
une passion singulière pour la chasse aux chamois.
C'était un drôle de spectacle de les voir tous ou courir,
ou marcher, ou se traîner vers le *Val du Rocher*. Il y
en eut un tiers qui mourut avant d'y arriver, un autre
tiers qui s'estropiait en roulant du haut des rochers
sans avoir pu atteindre la crête; pour le troisième
tiers, il parvint à peu près, mais il s'épuisa à appeler
et à attendre madame Holla, et surtout ses beaux plats
d'or, qui ne parurent plus.

Cependant l'enlèvement de la princesse causait le
plus grand trouble dans le palais. Le roi se tordait les
mains de désespoir; les courtisans faisaient semblant
de se désoler; les gardes et les valets de pied couraient
çà et là en ayant l'air de chercher, mais pourtant bien
décidés à ne pas la trouver.

Le peuple, qui se gêne moins, fit des feux de joie
d'avoir échappé au malheur d'être un jour gouverné
par une si méchante princesse. On était heureux de
l'espérance de voir Amélie régner à sa place. Lida était
détestée si unanimement, qu'il ne se trouva pas un
seul espoin qui voulut dénoncer ces réjouissances à la
douleur du monarque.

Au milieu de ces mouvements, la vieille, dont la baguette en se raccourcissant avait attiré la princesse jusqu'à elle, s'était saisie de son bras, et, la rendant invisible, elle lui avait laissé tout le loisir d'être témoin de l'explosion de la haine publique ; mais la méchante créature, loin de se repentir, n'éprouva que de la colère ; elle se mit à crier et à vouloir battre madame Holla : un coup de baguette sur les doigts lui fit baisser sa main déjà levée, et un soufflet lui ferma la bouche.

Lida cria de douleur et d'indignation ; elle tenta d'échapper à la vieille, mais elle renonça à ce projet quand elle sentit les doigts de madame Holla s'enfoncer comme des griffes dans la chair de son bras. La princesse, qui n'avait jamais éprouvé le plus léger mauvais traitement, suffoquait de fureur ; ce qui l'irritait le plus, c'était la froide impassibilité de cette vieille ; soit qu'elle lui commandât de la rendre à son palais, soit qu'elle l'apostrophât par les injures les plus violentes, soit enfin qu'elle la menaça de tout son courroux. Mais il fallut bien qu'elle se tût, faute de voix et d'haleine, quand madame Holla se mit à l'entraîner après elle vers le trou du rocher avec une rapidité sans égale. Il fallait voir son peigne tomber d'un côté, son châle de l'autre, ses cheveux en désordre, sa figure haletante, sa robe dont elle laissait un morceau à chaque buisson, et ses petits souliers de soie tout déchirés, tout percés et teints de son sang. Elles ne mirent pas vingt-cinq minutes à faire les deux lieues et à atteindre l'enceinte des rochers à pic qui entouraient la demeure de la fée.

Celle-ci n'eut qu'à les toucher de sa baguette pour qu'il s'y ouvrit un long passage. A cette vue, la princesse, qui ne manquait pas d'esprit et qui n'avait pas tout-à-fait perdu la tête, jugea à propos de se trouver mal. Elle se laissa donc aller tout de son long par terre, en renversant la tête et fermant les yeux ; mais la trop flexible baguette de l'inflexible madame Holla fit aussitôt son devoir avec une telle activité, que la pauvre princesse, toute sillonnée de ses traces, se redressa sur le champ avec des cris pitoyables et se laissa pousser dans le souterrain sans plus de façons. L'enceinte de rochers traversée, les voilà dans une vallée ; le lac se présente, et une île au milieu ; cette île était un gros rocher carré. Madame Holla l'atteignit aussitôt sans se mouiller autre chose que la plante des pieds. La princesse était traînée si rapidement qu'elle n'eut le temps d'enfoncer que de quelques pouces, ce qui rafraîchit un peu ses jambes déchirées et meurtrie:

La baguette de madame Holla avait fait de ce rocher un corps de logis fort commode avec toutes ses dépendances, mais elle ne fit que le traverser, et ne s'arrêta que dans une basse-cour bien garnie. Alors, se retournant vers Lida ; « Ma belle et fière petite princesse, lui dit-elle, je vous fais ma fille de basse-cour : vous donnerez à manger à mes poulets, vous trairez mes vaches, vous les garderez et les ferez paître sur la pelouse qui environne ce rocher ; et, pour ne pas perdre de temps en les gardant, vous me filerez tout ce lin, qui est destiné à vos habillements, car vous n'en aurez point d'autres. Regardez-moi bien, ajouta-t-elle, voilà comme on trait les vaches, voici comment on file: Adieu, travaillez bien · je reviendrai vers midi.

et, si vous avez été laborieuse nous dînerons ensemble, sinon !... » Elle avait déjà disparu, et la princesse stupéfaite d'indignation, était restée immobile sur le fumier.

Ses pleurs coulaient, mais c'était de rage. Bien loin d'obéir à la fée, elle s'élance, elle arrache le lin de sa quenouille, elle le jette à terre, le foule aux pieds, brise son rouet et en jette les morceaux aux poulets qu'elle estropie, et tombe enfin d'épuisement en versant un torrent de larmes.

Quand la fée rentra et qu'elle vit ce désordre, elle sourit, Viens ça, lui dit-elle, apporte du bois et fais-moi du feu sur-le-champ,

La princesse à ces mots se redressa le plus haut qu'elle put, et courut sur la vieille en s'écriant : « Moi ! moi ! une fille de souverain ! m'oser parler ainsi ! » Mais à l'instant où elle levait la main sur la fée, elle sentit sur ses jambes un si violent coup de de l'inévitable baguette, qu'elle tomba sur les genoux en criant involontairement grâce. Humiliée, elle baissa la tête, et, sentant l'inutilité d'une plus longue résistance, elle apporta le bois, fit le feu, et se vit contrainte par la terrible baguette d'aider la vieille à préparer son dîner ; après quoi la fée se mit toute seule à table, et lui ordonna de se placer derrière elle et de la servir.

A cette nouvelle humiliation, Lida, transportée, prit une assiette et la jeta au nez de la vieille, mais cette assiette s'arrêta en chemin et s'alla placer d'elle-même et tout doucement devant madame Holla ; en même temps la princesse reçut sur les doigts une nou-

volle correction de la baguette, ce qui la rendit obéis-
sante pour le reste du dîner.

Elle n'avait rien mangé depuis la veille et se sentait
presque tomber d'inanition; mais la fierté l'empêchait
de rien demander, et madame Holla, sans paraître
s'occuper de ce détail, s'en alla faire la sieste, et ne
laissant sur la table que des restes qui n'avaient rien
d'appétissant.

La fière princesse n'avait plus là les domestiques,
les cuisiniers et les maîtres d'hôtel de son père pour
prévenir tous ses désirs; elle ne plia pourtant qu'à
la dernière extrémité, et ce ne fut que lorsqu'elle se
sentit près de défaillir, que, domptée par la faim, elle
ramassa des pommes de terre qui étaient dans un coin,
de la cuisine et les fit cuire sous la cendre; il lui fallut
ensuite prendre une cruche et aller puiser elle-même
de l'eau dans le lac pour se désaltérer.

Le lendemain se passa de même, si ce n'est que Lida,
reconnaissant la puissance de la fée, n'osa plus s'atta-
quer à elle; mais elle cassa encore son rouet, jeta son
lin, et ne voulut rien faire de ce qui lui était commandé. Quand l'heure du dîner arriva, elle prit un lit
s'asseoir en face de madame Holla pour le partager :
mais la vieille qui, bon gré mal gré, s'était établi son
institutrice, lui montra le tas de pommes de terre et la
cruche, et lui dit : « Qui ne travaille pas, ne doit
point manger : voilà cependant de quoi ne pas mourir
de faim et de soif; une paresseuse doit encore se
trouver bien heureuse de faire un pareil repas. »

Lida, au désespoir, courut se jeter sur son lit : c'é-
tait une botte de paille placée sur un cadre de bois

dans le fond de l'étable. Elle avait passé toute la première nuit à pleurer sur une escabelle, mais cette fois
le chagrin et la fatigue la forcèrent de s'étendre sur
ce grabat, où elle s'endormit jusqu'au lendemain matin. Après un rêve délicieux pour elle, pendant lequel
elle se croyait dans le palais de son père, au milieu
d'une fête, et assise devant une table chargée des mets
les plus exquis, la faim, une faim dévorante la réveilla.

Qui fut bien surprise de se trouver dans une étable,
avec des bas percés, une robe en loques, sans souliers, étendue sur une botte de paille et mourante de
faim ? Ce fut la princesse ; elle crut qu'elle rêvait en ce
moment, bien plutôt que pendant son sommeil. Elle
passa la main sur ses yeux, elle se pinça, tâta tout ce
qui l'entourait; et, n'apercevant que trop la vérité de
sa nouvelle situation, elle se traîna hors de sa paille
jusqu'à celle des vaches, qu'elle se mit à traire afin
de boire leur lait et d'apaiser la faim qui la dévorait.
Comme elle s'y prit d'abord fort mal, elle reçut force
coups de pieds; mais la nécessité l'obligea de s'y prendre de tant de manières, qu'enfin elle trouva la meilleure et se satisfit. Mais voilà que tout-à-coup, et quoique le jour ne fît que poindre, voilà que la terrible
madame Holla paraît devant elle, la cruelle baguette
d'une main et un gros balai de l'autre, et qu'elle or-
donne à la princesse de balayer l'étable, la basse-
cour, et préalablement d'aller faire sa chambre et son
lit.

Lida ne s'était jamais attaché une épingle : son habitude avait été de se faire prier des heures entières
avant de se laisser rendre un service, et il fallait que

tout-à-coup elle fût aux ordres d'une autre pour rem-
plir les devoirs les plus pénibles et les plus désagréables.
La transition était si rapide que ses idées s'embrouillè-
rent, et que de sa botte de paille elle étendit la jambe
vers la fée comme vers une femme de chambre qui
serait venue pour la chausser; mais la baguette, en
tombant sur cette jambe, la lui fit retirer bien vite.
« Comment donc, méchante paresseuse, lui cria madame Holla, jeune comme tu l'es, tu ne peux te servir toi-même, et tu veux qu'une vieille comme moi
se fatigue autour de ta personne? » Lida, fière
encore sur sa botte de paille et dans son étable
comme dans son palais, lui répondit qu'une princesse devait toujours être servie, qu'elle lui manquait de respect, et que son père saurait bien la châ-
tier de son insolence. « Ton père, tout le royaume
et toi-même, bien loin de m'en vouloir, me remer-
cierez, répliqua madame Holla : c'est précisément parce
que tu es princesse, et que tu dois régner un jour, que
j'ai voulu te corriger. Eh ! sans cela, crois-tu donc que
je me serais embarrassée d'un être aussi paresseux, aussi
inutile et aussi méchant que toi? Mais puisque tu dois
commander un jour, il faut que tu apprennes, en obéis-
sant, comment on devra t'obéir, et ce qu'il te sera
permis et possible d'exiger et de commander. Puisque
tu dois être servie, il faut apprendre, en servant toi-
même, à juger de la manière dont on te servira. Mais,
allons! allons! ajouta-t-elle, point de bavardage, et
commençons à l'instant même. »

Madame Holla aurait perdu son temps à parler et à
attendre, mais la sévère baguette, qu'elle tenait levée,
était d'une éloquence si puissante que Lida se mit

promptement à se rajuster. La vieille lui apprit à tenir le balai et à s'en servir, et, comme elle surveillait tous ses mouvements, la princesse vaincue obéit. Elle acheva son ouvrage tant bien que mal, et fort à contre-cœur, mais elle l'acheva, et reçut un morceau de pain pour se restaurer.

La princesse, qui n'avait point encore imaginé qu'on pût déjeûner avec du pain sec, fut près de le jeter dans le lac avec un air de mépris et de dignité qu'elle crut d'abord à propos d'employer dans une telle circonstance, mais la faim arrêta sa main, la détourna vers sa bouche, et le morceau de pain se trouva mangé, et même avec un plaisir secret, à son grand étonnement.

Il est vrai de dire qu'elle s'était allée cacher dans son étable pour l'achever, afin que madame Holla ne vît pas avec quelle promptitude une princesse dévorait un pain tout entier et un déjeuner si peu convenable; alors la fée lui remit un nouveau rouet entre les mains, et lui conseilla de filer promptement de quoi se faire les bas, les chemises et les mouchoirs qui lui manquaient, parce qu'en attendant il lui faudrait marcher nu-pieds, se passer de chemise quand elle laverait la seule qu'elle avait, et se moucher avec ses doigts. La princesse indignée voulut répondre, mais madame Holla avait disparu. Elle poussa le rouet de son pied avec humeur; et, quand elle se fut désolée suffisamment, elle imagina de parcourir sa nouvelle demeure, d'abord pour perdre son temps, comme elle en avait pris l'habitude, et aussi pour trouver quelques issues par où elle pût se sauver et retourner chez son père.

La curiosité l'arrêta dans une chambre qu'elle traversait, car un grand cadre qui s'y trouvait était couvert d'un rideau qui paraissait cacher soigneusement quelque chose de précieux. Accoutumée à céder à toutes ses volontés, comme à résister à celles des autres, elle y porta une main prompte et hardie. Le rideau tomba, et la princesse fut toute surprise de n'apercevoir qu'une glace ordinaire. Son premier mouvement fut de s'y regarder ; mais elle n'y vit d'abord que de petits nuages qui paraissaient et disparaissaient, vapeurs légères de toutes sortes de formes, qui lui parurent ressembler aux idées qui étaient dans son esprit. Etonnée de trouver une glace qui sut réfléchir les pensées de son âme, comme les autres réfléchissaient les traits de sa figure, elle essaya de fixer son esprit sur un sujet quelconque, et ce fut, comme on peut bien s'y attendre, sur le palais de son père, qu'elle regrettait si amèrement : la glace fidèle le lui montra aussitôt avec tous ceux qui l'habitaient, et non pas avec leurs dehors seulement, mais avec toutes leurs pensées les plus secrètes qui se peignaient sur leurs figures, et que la princesse pouvait y lire bien mieux et bien plus clairement que si elles y eussent été écrites. Sa première pensée s'arrêta sur son père, sur Amélie, sur la chambre qu'elle-même avait habitée ; car pour la première fois elle regrettait, et elle sentait le désir d'être plainte et regrettée

Elle vit Amélie, les larmes aux yeux, et son père, qui, tout triste qu'il était lui-même, paraissait la consoler ; ils se demandaient ce qu'elle était devenue. Amélie espérait que sa pauvre cousine n'était pas trop maltraitée, mais elle ne fondait cet espoir que sur sa

beauté; c'était là la seule raison qu'elle en donnait,
tandis que le roi lui répondait que la justice du ciel
n'avait aucun égard aux qualités du corps; qu'elle ne
s'attachait qu'à celles de l'âme, et que sans doute sa
fille souffrait toutes sortes de tourments en punition de
sa vie oisive, insubordonnée, taquine et méchante.

L'émotion qu'avait d'abord éprouvée Lida se changea en un vif chagrin, mêlé d'une teinte d'humeur,
lorsqu'elle vit que son père lui-même trouvait juste sa
punition. Elle arracha sa pensée à ce spectacle, qui lui
devenait désagréable, et la laissa errer dans tous les
lieux qu'avait habité ou parcouru son enfance; ils ne
se représentèrent successivement qu'avec trop de vérité
dans la glace fidèle : elle vit que, dans les églises, on
remerciait Dieu de ce qu'il avait délivré le pays du danger d'être un jour gouverné par une princesse déjà si
capricieuse et si violente. Dans les rues, dans les promenades, elle crut entendre toutes les bonnes, toutes
les mères, toutes les gouvernantes raconter son histoire à toutes les petites filles, et les menacer d'un sort
pareil si elle étaient aussi acariâtres et aussi désobéis-
santes que la princesse Lida. Dans les antichambres
du palais, dans les salons que remplissaient les courtisans, on se serrait les mains en souriant, en se félici-
tant, comme si l'on était déchargé d'un grand poids,
et comme s'il venait d'arriver un grand bonheur.

L'imagination épouvantée de la pauvre Lida ne pouvant soutenir plus longtemps cette réprobation générale, se réfugia dans le seul endroit où l'on pleurait sa
disparition, dans cette chambre de la bonne Amélie
qu'elle venait de quitter avec un si vif mouvement
d'humeur.

Ses femmes de chambre la coiffaient. Bien loin de les
laisser lui offrir pendant des quart-d'heure entiers ce
qui lui était nécessaire, sans daigner ouvrir la main
pour le recevoir ; bien loin de leur arracher brusquement des mains tout ce qu'elles lui présentaient pour le
jeter à terre avec humeur et pour le leur faire ramasser
ensuite ; bien loin de briser ses peignes et de leur en
lancer les morceaux à la figure, s'il arrivait qu'on lui
tirât un cheveu un peu plus que l'autre, Lida voyait sa
cousine sourire à l'une obligeamment, paraître demander à l'autre des nouvelles de son mari ou de son enfant, et faire à une troisième des compliments sur son
adresse.

Plusieurs valets de chambre entrèrent ensuite pour
différents motifs. Amélie leur donnait des ordres d'un
air si doux qu'elle semblait leur rendre un service
plutôt que leur en demander un. Prenait-elle ce qu'ils
lui apportaient, c'était avec une grâce et une légère
inclination de tête qui paraissait les charmer. Lida
remarquait en même temps, pour la première fois,
avec quel empressement et quel bonheur on lui obéis-
sait sans qu'elle parût commander, et que les services
rendus et reçus avec affection sont bien plus complets
et mille fois plus agréables que ceux qu'on impose
avec hauteur et violence.

Lida faisait de cruels retours sur elle-même, quand
.e jardinier entra avec des fleurs plus belles que jamais
elle n'en avait vu. Amélie lui en témoigna son étonnement : mais elle entendit celui-ci lui répondre « qu'il les
avait cachées bien soigneusement jusqu'à ce jour, de
peur qu'elle ne fussent gâtées et détruites comme tant
d'autres ; mais qu'à présent il n'y avait plus rien à

craindre, et qu'enfin tout, bêtes, plantes et gens, vivrait tranquille.» En effet, la pauvre princesse remarqua comme son perroquet et son chien, qui couraient se cacher dès qu'elle faisait le moindre mouvement, jouaient à présent sans crainte, l'un sur son tapis, l'autre en se balançant sur son anneau d'or, et paraissant partager la joie de tout le monde.

— Ne voulant pas arrêter plus longtemps son attention sur un séjour où tout lui reprochait sa conduite passée, elle eut recours à sa mère, comme elle faisait dans son enfance lorsqu'on avait osé la contrarier. Sa mère parut aussitôt, non sa mère, mais son ombre, pâle, triste, sévère, déchirée du regret d'avoir été si indulgente, se reprochant d'avoir gâté sa fille, et paraissant à la fois mourante et morte de la douleur que son méchant caractère lui avait causée et lui causait encore. A cette vue, Lida accablée tomba à genoux, les mains étendues vers cette ombre si chère, et en versant pour la première fois un torrent de larmes de douleur et de repentir. L'histoire ajoute même qu'elle perdit connaissance, et qu'elle se retrouva, au milieu de la nuit, sur son lit de paille qu'elle mouilla de ses larmes jusqu'à la pointe du jour.

Madame Holla ne la laissa point pénétrer toute seule dans l'étable : elle y parut aussitôt qu'elle, et avec les mêmes ordres que la veille. Lida était si profondément absorbé dans sa douleur, qu'elle ne la vit ni l'entendit entrer ; mais la fée qui, cette fois, avait oublié sa baguette, la prit brusquement, par le bras, et, la redressant sur son lit, lui dit : « C'est parce que tu éprouves un grand remords qu'il ne faut pas te décourager. La douleur qu'inspire un repentir vif et sincère est déjà un commencement de réparation pour les fautes qu'on a commises. Mais il ne faut pas qu'un lâche découragement rende ce repentir infructueux : une mauvaise conduite ne se répare que par une bonne et non par des pleurs. Travaille donc à te mettre en état de faire un jour le bonheur de ceux que tu as tourmentés, alors seulement l'ombre de ta mère sera consolée, et il te sera permis d'être heureuse. »

La princesse recueillit ces paroles machinalement, comme elle obéit toute cette journée à madame Holla : c'est-à-dire sans trop savoir ce qu'elle entendait ni ce qu'elle faisait, tant le chagrin et les remords l'avaient saisie. Cependant le travail, en fatiguant son corps, procura quelque distraction à son esprit ; la nuit d'après, elle dut à l'accablement de ses forces physiques et morales un profond sommeil ; elle se réveilla d'elle-même à la pointe du jour, et s'habilla, bien surprise de pouvoir le faire si promptement sans être aidée ni contrainte ; puis elle se mit aussitôt à l'ouvrage, non par peur, mais pour se mortifier et pour se punir du mal qu'elle avait fait à sa mère.

Quand l'appétit se fit sentir, elle trouva son morceau de pain sous sa main, et cette fois, bien loin de le jeter, elle hésita et renonça à le tremper dans du lait, pour se mortifier encore ; aussi l'eau qu'elle alla boire au bord du lac lui parut-elle meilleure que la première fois. Peut-être aurait-elle été reprise d'un accès d'humeur et de hauteur si madame Holla fût venue lui imposer sa tâche comme les jours précédents ; mais la vieille ne parut point de toute la matinée, et la princesse, étant seule, s'obéit plus facilement à elle-même, je veux dire aux inspirations de son cœur brisé par

tout ce que la glace lui avait représenté, et surtout par
le triste état où elle lui avait montré sa mère.

Cependant l'heure du dîner était venue ; la princesse
filait les yeux baissés, et toujours ensevelie dans ses
tristes réflexions, lorsqu'une voix douce et compatis-
sante l'interrompit en l'appelant *ma fille* : c'était la
vieille. Lida, qui ne lui connaissait pas ce son de voix
consolateur, lève les yeux avec étonnement, elle voit
sur la figure jusque-là si terrible de la fée, l'expression
d'une tendre bonté. Ma fille, reprit celle-ci, voilà une
journée bien remplie, viens avec moi ; et puisque nous
avons gagné notre dîner, allons le préparer et le manger ensemble. La princesse avait le cœur si gros que,
malgré l'air de bonhomie qu'avait pris la vieille, et l'o-
deur d'un excellent rôti qu'elle l'invitait à manger,
elle n'en put avaler que quatre petites bouchées.

Les jours suivants se passèrent à peu près pareille-
ment ; car madame Holla, voyant qu'elle prenait une
meilleure direction, la livra à elle-même. Elle eut bien
quelque accès d'humeur, mais je ne sais comment il
se fit que toutes ses brusqueries lui tournèrent sur-le-
champ à mal : elle crut que c'étaient des avertisse-
ments de sa mère, et elle s'y conforma

Il lui revint bien aussi plusieurs accès de paresse ;
mais la tranquille uniformité de ce séjour, l'absence
complète de toute distraction, l'ennui et le commencement d'habitude d'occupation, que les premiers jours
de contrainte lui avaient donnés, la ramenèrent bientôt à son rouet et aux autres devoirs qui lui étaient im-
posés.

D'ailleurs, ses besoins les plus indispensables solli-
citaient sans cesse son activité. Le vent froid qui glaçait

ses jambes, les déchirures de sa robe, sa chemise près
de tomber en morceaux, le désagrément de se moucher
avec ses doigts, comme les pauvres dont elle s'était tant
moquée, l'obligeaient à filer le plus vite qu'elle pouvait
pour remplacer tous ces objets de première nécessité.

Quand à ses repas, tant pis pour elle si elle avait oublié de traire les vaches, de donner à manger aux
poules et de cultiver le jardin ; car alors le fromage, le
beurre, les œufs, le poulet rôti et les légumes manquaient, et il fallait dîner avec du pain et des pommes
de terre. Cette obligation de cultiver le jardin pensa
encore la révolter. Ce fut surtout quand, après un
court travail, elle se sentit, en se redressant, une vive
douleur aux reins, et qu'elle vit que le manche du râ-
teau ou du sarcloir avait fait à ses mains délicates de
ces durillons qu'elle avait vus aux mains grossières des
paysans que cent fois elle avait méprisés, qu'elle jeta
tous ses outils avec humeur et se mit à pleurer ; mais
l'heure du dîner, c'est-à-dire la seule heure qu'elle passait avec la fée approchait, et la crainte lui fit reprendre son travail.

Ce n'était plus la crainte d'être corrigée, car, depuis
la scène du miroir, la baguette avait disparu, et madame
Holla avait tout-à-fait changé de manières. Elle ne lui
parlait que d'une voix caressante, et lui racontait, pendant le dîner, de belles histoires bien intéressantes et
bien instructives, quand elle était satisfaite. Ce que Lida
redoutait, c'était donc le silence de la fée, qui prouvait
son mécontentement ; et quand bien même la conversation de la vieille n'aurait pas été si amusante, c'était
un besoin pour la pauvre princesse, qui ne vivait plus

qu'avez des bêtes et des plantes, d'entendre une fois
par jour une voix humaine.

Elle reprit donc son travail, en se disant à elle-même
qu'il était juste que, après avoir tant fait souffrir les
plantes et les animaux, elle fût condamnée à souffrir pour eux à son tour, et surtout qu'elle ne devait
pas avoir pitié d'elle-même après avoir fait tant de
mal à sa mère.

Ce jour-là la vieille fut plus aimable que jamais pour
Lida. Elle lui remit une perle du collier de sa cousine,
que la pauvre princesse reçut les larmes aux yeux.
Peu à peu elle prit plaisir à ses différents travaux, si ce
n'est à celui de nettoyer l'étable; mais elle trouvait que
filer était une assez douce occupation, et que le soin du
jardin, quand il n'y avait pas de trop gros ouvrages à
faire, avait son agrément. Elle se plaisait à voir ger-
mer et poindre les graines qu'elle avait semées, elle
en suivait la croissance et le développement avec
intérêt.

Il arriva qu'un matin elle trouva coupée et renversée
par une taupe l'une des plantes qu'elle aimait le plus.
Elle en fut si affligée que madame Holla fut obligé de
la consoler, en lui promettant qu'elle tendrait un piège
à la bête malfaisante, qui s'y prit aussitôt. « Vois, dit
alors la fée à la princesse, regarde ton ennemi, c'est
un petit animal aveugle, qui n'a pas de raison, s'il a
gâté tes plantes, c'est en cherchant sa nourriture, combien donc trouverais-tu plus méchant et plus coupable
un être doué de raison et d'esprit, qui, par caprice et
sans nécessité, viendrait ainsi détruire ton ouvrage. »
Lida sentit l'allusion et se mit encore à pleurer amèrement, car toutes ses mauvaises actions lui revinrent à

'esprit, si bien que la vieille n'eut rien de plus pressé
que de modérer son chagrin par toutes sortes de conso-
ations. Il y avait dans sa voix et dans ses traits quelque chose de si caressant et de si tendre, que la princesse ne pouvait plus la regarder ni l'entendre sans
éprouver une douce émotion. C'était un je ne sais quoi,
que je sais bien, moi, mais qu'il ne me convient pas de
dire en ce moment.

Ce je ne sais quoi l'attirait toujours de plus en plus
vers la fée. Ce penchant datait de la scène de la glace, et
il est vrai que depuis ce moment madame Holla ne s'é-
tait plus montrée la même personne. Il n'avait plus
été question de menaces, et tout s'était opéré par la douceur. Aussi à mesure que Lida reconnaissait toutes ses
imperfections et se détachait d'elle-même, elle s'atta
chait d'autant à la fée. C'était sans doute une illusion
du cœur, mais ce qui est certain, c'est qu'elle ne lui paraissait plus si vieille; elle lui semblait rajeunir ; et
plus elle s'éloignait des terribles scènes de la baguette,
plus elle trouvait de différence entre ses traits d'alors
et ses traits d'aujourd'hui.

Déjà la princesse avait regagné la moitié du collier
de perles de sa cousine, lorsqu'un jour, un beau jour,
mais non, c'était un soir; il faisait même déjà nuit, et le
dîner s'était prolongé ainsi qu'une conversation où elle
avait montré tous les bons sentiments qui l'animaient :
un soir donc, voilà qu'au moment de se séparer, madame Holla, pour gagner sa bonne chambre à coucher
et Lida son étable, voilà que la vieille saisit la main de
son élève, la détourne du chemin qu'elle prenait déjà,
et la conduit dans sa propre chambre, où rien de tout

ce qui pouvait rendre la vie douce et commode ne manquait ; un second lit y était dressé pour Lida.

Madame Holla, tout émue, serrant la princesse sur
son cœur : « Mon enfant, lui dit-elle, il m'est enfin permis de te rapprocher de moi et de t'arracher aux travaux grossiers auxquels tu étais condamnée. Te voilà
suffisamment au fait de toutes les peines, des fatigues et
des besoins qu'éprouve journellement la classe la plus
nombreuse des sujets que tu gouverneras peut-être un
jour ; je suis sûre qu'alors, bien loin de te faire un jeu
d'augmenter ses souffrances, tu chercheras à les adoucir.

Ton âme, sous des vêtements somptueux, et lorsqu'elle habitait un palais magnifique, s'éloignait chaque jour de sa nature divine, elle se dégradait et se
perdait ; elle est relevée, elle a repris toute la noblesse
de son origine sous les vêtements du pauvre, au milieu
des occupations les plus grossières. Tu n'auras donc
pas seulement pitié de ceux de tes sujets qu'un travail
continuel tient sans cesse courbés vers la terre, tu sauras
les estimer ; et cette classe, la plus laborieuse, te paraî-
tra souvent la plus respectable.

» Voilà donc la plus grande moitié de ton éducation
faite : il te reste à te rendre digne de gouverner les
classes les plus élevées. Puisque tu dois être la première, il faut l'être réellement ; et non-seulement par
ton rang, mais par toi-même. Le ciel ne t'a placée si
haut et en vue de beaucoup que pour servir d'exemple ;
sois donc un bon modèle. Viens, mon enfant, quitte
enfin ces sabots, cette robe toute rapiécée ; entre dans
ce bain. Voilà des vêtements qui te conviennent ; tu les
a gagnés par ton travail. Voici des livres ; des crayons,

de la musique, et voilà, ajouta-t-elle en se montrant elle-même, voilà celle qui t'aidera à soigner la personne et à former ton esprit. »

La princesse fut toute pénétrée de reconnaissance. Elle commença aussitôt sa nouvelle vie, mais sans abandonner tout-à-fait l'ancienne. Tout le gros de l'ouvrage se trouvait fait comme par enchantement, elle surveillait seulement, en remarquant ce qui était bien ou mal et ce qu'on avait oublié; il semblait alors qu'on eût entendu sa pensée, car elle se trouvait à l'instant accomplie, d'autant plus qu'elle ne se trompait jamais dans ses jugements sur tout ce travail domestique; elle en connaissait à fond tous les devoirs, ainsi que cela arrive toujours quand on les a bien remplis soi-même.

Ses journées se passaient en leçons sur toutes les connaissances qui rendent une princesse accomplie. Jamais elle n'avait de mauvaise volonté; quelquefois seulement un peu de paresse, mais c'était passager, car elle aimait chaque jour d'avantage sa douce et savante institutrice, et pour rien au monde elle ne lui aurait fait volontairement de la peine. Plus elle se perfectionnait de cœur et d'esprit, plus la voix et les manières de madame Holla lui paraissaient attrayantes; elles lui rappelaient confusément ce qu'elle avait de plus cher au monde; quelquefois les larmes lui en venaient aux yeux de plaisir, de douleur et de tendresse, car elle avait sans cesse sa mère présente à l'esprit. Aussi plus elle s'approchait du moment où elle aurait regagné toutes les perles du collier, plus elle paraissait douloureusement affligée.

Un jour, c'était, je crois, oui, c'était celui où elle allait obtenir la dernière perle d'Amélie pour prix de

son excellente conduite et de ses rapides succès dans
toutes les sciences et les arts dont elle recevait des leçons, dans ce jour mémorable, madame Holla, la voyant
plus triste que jamais, lui en demande la raison ; elle
s'étonnait que, près de retourner chez son père, et
dans son royaume, elle ne montra pas plus de satisfaction. — « Ah ! madame, lui répondit la princesse, je
» n'envisage point sans effroi mon retour dans un pa-
» lais où l'on a tant de raisons de me haïr, où l'on ne
» me reverra qu'avec terreur, où enfin je me déteste-
» rai moi-même. Comment oserai-je me présenter de-
» vant Amélie que j'ai tant tourmentée, devant mon
» père, à qui j'ai causé tant de chagrin, et qui me doit
» hélas ! la perte de ma mère, de ma malheureuse mère
» que vous remplacez près de moi, et dont vous me
» rappelez la bonté toutes les fois que je le mérite. Ah !
» si vous saviez, lorsque vous êtes contente de moi,
» combien votre démarche et votre voix me retracent
» cette mère chérie ! tout à l'heure encore, sans votre
» taille, sans vos vêtements et sans mon malheur, je
» vous aurai prise pour elle. Oh ! qu'alors je suis dé-
» chirée de remords : ils me suivraient partout, ma-
» dame, et bien plus encore dans les lieux où je fu
» coupable. Ah ! permettez que je ne vous quitte plus
» et que je la pleure auprès de vous le reste de mes
» jours. »

En prononçant ces mots d'une voix entrecoupée par
ses sanglots, la pauvre princesse était tombée aux pieds
de madame Holla, les mains jointes, les yeux baissés,
et en versant un torrent de larmes. En ce moment, la
dernière perle tomba dans le tablier de Lida, et un cri,
celui de : « *Ma fille ! ma bien-aimée fille !* » prononcé

d'une voix que jamais on n'a méconnue, lui fit relever
précipitamment la tête. Oh ! que devint Lida lorsqu'elle
aperçut là, devant elle, à la place même où elle venait
de voir madame Holla, sa mère ! sa mère tout entière,
à sa belle taille si majestueuse, ses vêtements de reine,
et cet air de florissante santé qu'elle lui avait vu dans
les plus beaux jours de son enfance. Elle lui tendait
les bras, elle l'appelait sur son cœur ; des larmes de joie
et de tendresse coulaient de ses yeux. Lida, saisie,
transportée, ravie comme à l'aspect d'une apparition
divine, resta d'abord à genoux, le regard fixe, et près de
se trouver mal de surprise, de bonheur et d'inquiétude
que ce ne fût un être fantastique qui se présentait devant ses yeux. Mais les tendres embrassements de sa
mère, la soutinrent et l'eurent bientôt rassurée

La reine alors lui raconta que la fée l'avait enlevée
encore vivante de son palais, quoique chacun la crût
déjà morte ; qu'ensuite elle l'avait transportée dans sa
demeure et rendue à la vie et à la santé ; puis elle lui
avait promis de lui ramener sa fille, mais à condition
qu'elle réparerait le mal que sa faiblesse avait causé, en
se résignant à laisser subir à Lida tous les châtiments et
toutes les épreuves qu'il lui plairait de lui imposer.
Après les premières mesures de rigueur, dont la reine
n'aurait pu se charger, madame Holla avait bien voulu
lui confier le reste de son éducation, en la revêtant de
sa figure et en lui permettant de s'en dépouiller peu à
peu et de reprendre la sienne propre, à mesure que sa
fille se rendrait plus digne de retrouver sa mère :
quant à cela, la fée s'était réservée d'en juger. C'était
elle qui marquait les différentes nuances de retour de la
reine à sa véritable figure en donnant successivement

les perles du collier de la bonne Amélie. Voilà pourquoi la dernière, en tombant, venait de rompre le charme et les rendre l'une à l'autre.

C'était un samedi matin, que le roi trouvait son palais plus triste et plus solitaire que jamais, lorsque la fenêtre s'ouvrit tout-à-coup pour y laisser entrer une petite vieille. Le roi, irrité allait appeler son capitaine des gardes, quand celle-ci dit : « *Je suis madame Holla,* » et viens t'annoncer que demain, à midi, ta femme, » mieux portante que jamais, et ta fille, non moins belle » qu'il y a un an, mais aussi instruite, aussi bonne et » aussi généreuse qu'elle était ignorante, paresseuse et » méchante, arriveront de mon rocher dans *la capitale.* »

Ces mots dits, elle disparut, en laissant le bon roi dans un état de stupéfaction d'où il ne sortit que pour courir comme un fou dans son palais, en racontant, en criant l'heureuse nouvelle, et en embrassant tous ceux qu'il rencontrait. Princes, princesses, ministres, courtisans, gardes-du-corps, tous y passèrent ; et jusqu'au chien et au perroquet de Lida, qu'il pensa étouffer dans les premiers transports de sa joie, et qui lui donnèrent un coup de dent et un coup de bec fort à propos, car cela le rendit à lui-même ; et, comme la porte du palais de ce bon roi était toujours ouverte, il n'y a pas de doute que, sans cet accident, il ne l'eût enfilée, et qu'alors il n'eût parcouru toute la ville comme son château, en y embrassant tout ce qui aurait une figure quelconque.

Les ministres, jaloux de la dignité qu'ils représentaient, et mécontents comme tous les ministres du monde que le roi eût fait un acte quelconque de lui-même, le rattrapèrent enfin et le circonscrivirent de nouveau.

Mais les flots de la joie du bon prince se succédant comme les flots d'un fleuve rapide, renversèrent cette forte digue. Voulant faire partager ses transports à tout le royaume, il en fit sur-le-champ tous les marquis ducs, tous les comtes marquis, tous les barons comtes et tous les bourgeois barons ; il en fut de même dans l'armée, où tous les colonels furent faits généraux, tous les capitaines colonels, tous les soldats officiers. Dans l'ordre judiciaire, il n'y eût pas d'huissier qui ne devînt au moins juge ; les pauvres ministres en perdirent tous la tête, ce dont on s'aperçut à peine, car tout le monde était si heureux, que l'on n'avait plus besoin de ministres. D'ailleurs l'intendant des menus avait conservé la sienne : or, comme il n'y avait plus-qu'à passer sa vie en divertissements, c'était tout ce qu'il fallait et le roi en fit son premier ministre. Il le chargea tout aussitôt de la signature de toutes les grâces et des préparatifs pour la réception qu'il voulait faire à reine et à sa chère fille.

Jamais entrée de souverain ne fut si magnifique. Je tiens cela de quelques vieillards, qui le tenaient de leurs arrière-grand-pères, sur qui une partie de la dépense avait pesé ; car les journaux du pays n'en parlent plus, et les historiens dont les ouvrages sont parvenus jusqu'à nous n'en disent presque rien. Mais ce qui ne s'est point effacé de la mémoire, ce dont on parle et dont on parlera toujours (car les traits d'humanité, de bonté, et les actions généreuses ne s'oublient jamais), ce qu'enfin tous les historiens de cette contrée ont rapporté dans le plus grand détail, c'est la conduite toute pleine de bons, de nobles sentiments et de vertus que déploya la princesse Lida depuis sa rentrée dans les états de son père.

Il n'est pas besoin de dire que les deux premières personnes dans les bras desquelles elle se jeta, en sortant des rochers, furent son père et sa bonne cousine Amélie, et quels furent les transports des deux cousines en se retrouvant aussi instruites, aussi bonnes, aussi douces et aussi compatissantes l'une que l'autre.

Pendant que le char qui les transportait, ainsi que la reine, roulait sur des fleurs et sous des arcs de triomphe, il arriva qu'un enfant fut renversé par le cheval d'un des écuyers. Qu'on juge des acclamations générales et de la joie du peuple, lorsqu'on vit la princesse Lida, toute émue, descendre elle-même précipitamment, relever ce pauvre enfant les larmes aux yeux, et le placer auprès d'elle jusqu'à ce qu'elle l'eût remis à sa mère avec un beau présent, pour la conso'.r de son inquiétude.

Plus loin, un ouvrier tomba d'un échafaudage et se blessa : la princesse obtint de son père qu'il fût transporté et établi chez un bon médecin, et fit assurer à sa pauvre femme une pension sur l'argent destiné à ses plaisirs. Tout le peuple avait les larmes aux yeux. Des cris de joie comblèrent encore de bonheur le roi, la reine et la bonne Amélie, quand on s'aperçut que la princesse voulait que les gardes laissassent approcher tous les pauvres. Et comme elle faisait arrêter sa voiture pour écouter leurs prières, pour s'informer de leurs besoins et pour soulager leur misère ! Il n'y eut pas jusqu'à son air d'obligeance, son sourire plein d'aménité, et sa grâce à saluer tout le monde, qui ne remplissent tous les cœurs d'amour et d'admiration. Ce fu enfin un véritable triomphe.

Je ne veux point chercher à décrire plus longtemps un bonheur qu'il est impossible de peindre. On pense bien que les vœux élancés de tant de cœurs furent entendus du ciel, et que la vie de Lida et de sa famille s'écoula au milieu de toutes sortes de félicités. Il est certain que, depuis ce moment, Lida partagea son trône et toutes ses prospérités avec la bonne Amélie, que le collier de perles resta à elles deux, et qu'elles furent inséparables. On assure encore que, souvent, quand la princesse, à la suite de quelque trait de bonté ou de générosité, était reconduite par les acclamations universelles, elle s'étonnait que pour des actions si simples, qui ne coûtaient rien à son cœur et qui portaient en elles-mêmes leur récompense, elle fût entourée de tant d'admiration et d'amour. Mais on lui répondit que « Dieu, dans sa paternelle sollicitude, l'avait ainsi voulu pour vous encourager encore plus au bien ! »

LA SOURCE

Dans une belle soirée d'été, le petit Charles, âgé
de dix ans, revenait avec madame Wall, sa mère,
d'une longue excursion qu'ils avaient faite dans les bois
d'Helldorf. L'air était si doux, et le soleil couchant co-
lorait le ciel d'un rouge si brillant, que Charles enchanté, pria sa mère de prolonger sa promenade : elle
y consentit aisément ; et, pour jouir tout à son aise de
l'air pur qui l'environnait et du chant mélodieux des
rossignols, elle alla s'asseoir sur les bords verdoyants
d'un clair ruisseau, dont la source, environnée de rochers, était près de là.

Charles se mit aussitôt à cueillir des fleurs pour en
orner la petite maison qu'habitait sa mère. Celle-ci
écoutait en silence le murmure de la fontaine ; elle jetait quelquefois ses regards sur le village, dont les mai-

sons étaient dorées par le soleil couchant, et qui ajou-
tait le son mélancolique de ses cloches au chant solitaire
du rossignol.

Cependant Charles, en courant d'une fleur à l'autre, s'était approché de la source, quand, du milieu
de l'herbe qu'il foulait aux pieds, un sale et vilain
·rapaud s'élança dans l'onde pure qu'il troubla. Charles
jeta un cri de surprise et d'effroi à la vue de cet animal
hideux ; sa mère accourut, et, apprenant la cause de
sa terreur, elle lui ouvrit les bras en souriant ; puis
l'ayant rassuré par de douces caresses, elle lui dit :

— Cher enfant, tu peux comparer l'âme des hommes à cette source. Son onde jaillit claire et limpide de
ce rocher, comme ton âme sort pure et sans tâche des
mains de l'Eternel ; mais, de même que cette source,
elle se trouble lorsque le vice y pénètre. Ainsi, mon
enfant, pour consoler ta mère, pour la rendre heureuse et fière de tes vertus, cherche à maintenir ton
âme de sa pureté primitive ; et si quelque mauvaise
pensée voulait s'y introduire, repousse-la loin de toi
avec le même dégoût que t'inspirait tout à l'heure l'être
hideux qui vient de gâter cette onde pure.

Charles se jeta au cou de sa mère et la pria de lui
dire ce qu'il fallait faire pour distinguer les mauvaises
pensées d'avec les bonnes.

— Sois pieux, lui dit-elle ; suis les inspirations de
la voix intérieure qu'on appelle la conscience, et ne
fais jamais ce que tu rougirais d'avouer. Fuis surtout le
mensonge, car il est l'allié fidèle de tous les vices ; l'enfant qui ne ment ni à lui-même ni aux autres ne peut
être méchant, même sans le vouloir ; car, s'il se trompait, sa mère et tout ce qui l'entoure l'en aurait bientôt

averti. Il ne peut être réellement malheureux, car, ou sa conscience ne lui reproche rien, et la vie lui semble douce et légère, ou son cri, qu'il ne cherche pas à dissimuler, le déchire; alors il n'a rien de plus pressé que de l'apaiser, et tout ce qui l'entoure l'aide à se racommoder avec elle.

Charles à ces mots resta pensif, et sa mère vit bien qu'il n'était pas persuadé. Il la regardait tristement, puis il baissait les yeux vers la source. Son cœur semblait tout rempli d'une pensée que sa bouche n'osait exprimer. Enfin, encouragé par les caresses de madame Wall, il lui dit d'une voix timide :

— Mais, maman, si la pureté de l'âme suffit au bonheur, comment se fait-il que tu pleures tant, toi si bonne, si pieuse, si juste et si sincère?

Madame Wall, tout émue, se recueillit quelques instants, et lui répondit :

— Mes larmes, cher Charles, viennent d'une autre cause. Dieu nous soumet en ce monde à des souffrances qui peuvent n'être pas des punitions; il nous avertit ainsi qu'il ne faut pas s'y oublier, et que cette vie n'est qu'un passage où il nous éprouve sans cesse : quelquefois c'est par des joies, plus souvent c'est par des douleurs; il veut alors de la résignation; mais il ne nous défend pas les pleurs, même quand il nous laisse dans nos malheurs la plus grande des consolations, celle de ne les avoir pas mérités aux yeux des hommes.

Cependant le soleil venait de disparaître derrière les collines. A mesure que ses rayons s'éteignaient, le château d'Helldorf, qu'on illuminait pour la fête de son seigneur, devenait de plus en plus éclatant. Charles, en relevant ses yeux humides, aperçut cette illumination ; et, passant subitement, comme l'enfance, d'une sensation à une autre, il sauta de joie en s'écriant :

— Oh ! que Frédéric doit être heureux au milieu de tout cet éclat ! Et comme il fait sombre ici ! ajouta-t-il tristement. Oh ! que ne suis-je aussi riche que Frédéric, ou du moins pourquoi n'est-il donc pas possible que nous vivions au château avec lui ?

— Mon bon Charles, reprit sa mère, ne porte pas envie à Frédéric ; chaque position a son bonheur qui lui suffit, si l'on sait s'en contenter, tandis qu'il n'est point d'heureuse position pour un esprit inquiet ou envieux. Mais, mon enfant, pour te parler le langage du livre que tu apprenais ce matin, que dirais-tu, si tout-à-coup tu entendais ce ruisseau se plaindre de n'être pas aussi grand, aussi renommé que la rivière prochaine ? s'il changeait son doux murmure, qui semble exprimer le bonheur, en un murmure de mécontentement et de jalousie ? si tu voyais ces jolis flots, qui coulent si légèrement, se pousser, se surmonter tumultueusement, se presser à l'envi l'un de l'autre, pour abandonner ce vallon frais et solitaire ? Figure-toi que, dans leur course ainsi précipitée, ils aient enfin aperçu ce fleuve objet de leur ambition, ne crois-tu pas les voir s'enfler de l'orgueilleux espoir de s'agrandir en s'y réunissant ? Eh bien ! ils s'y jettent et ils y disparaissent ! Tu les y chercherais en vain ; ils ont perdu leur couleur, leur doux murmure, et tout, jusqu'à leur nom. C'est ainsi, mon enfant, qu'on se perd dans les plus grands que soi, quand on veut s'ajouter à eux pour être plus que soi. Frédéric d'Helldorf sera riche et toi pauvre ; souhaite-lui le bonheur de sa position, car il y en a de plus élevées qu'il pourrait envier, et soit content de la tienne.

— Allons, maman, reprit Charles, retournons donc tout doucement chez nous, et lorsque je verrai à Frédéric un nouvel habit ou quelque beau présent de son oncle, je penserai à cette jolie source, et je tâcherai d'être bien heureux.

Mais pour entrer dans leur humble demeure, il fallait qu'ils passassent près du château, de ce château d'où sortaient les sons joyeux des instruments et les vifs et bruyants accents du plaisir. Charles en les entendant se serra contre sa mère, qui l'entraina rapidement en lui disant d'une voix émue : Courage !

Cette madame Wall était fille d'un colon de Saint-Domingue : elle était née riche ; mais à dix-huit ans elle perdit son père et sa fortune ; il ne lui resta d'autre guide et d'autre appui que la femme qui l'avait élevée. Un heureux caractère, une éducation soignée, une tournure et une figure distinguées la firent remarquer par un jeune officier allemand, d'une famille riche, considérable, et dont le régiment séjournait depuis quelques semaines près de là, et qui l'épousa. Mais peu de temps après il disparut dans un combat ; tous ses papiers se perdirent avec lui.

La pauvre mère, rebutée par les parents de son mari, qui ne voulurent pas la reconnaître, changea de nom, prit celui de Wall, et se chercha une retraite. Chemin faisant elle rencontra le village d'Helldorf : sa position solitaire lui plut ; elle y acheta une maisonnette et un jardin, où elle s'établit avec Charles et sa vieille bonne, qui n'avait pas voulu la quitter. Là elle se vouait entièrement à l'éducation de son fils ; elle lui apprenait ce qu'elle avait appris, et c'était beaucoup. Tout le village aimait madame Wall, on respectait sa

mélancolie. Son goût pour la solitude ne passait pas pour
de la fierté parce qu'elle était toujours simple, douce,
et aussi bienfaisante que ses faibles moyens le lui permettaient.

Non loin de sa demeure, le château d'Helldorf était
habité par un vieux seigneur veuf et sans enfants, par
une de ses parentes qu'il avait recueillie, femme très
vaine de son rang, quoiqu'elle fût pauvre, et par le
fils de cette femme. C'était ce même Frédéric dont
Charles venait d'envier le sort. Ces deux enfants étaient
du même âge. On regardait Frédéric comme l'héritier
du seigneur d'Helldorf, et la fierté de sa mère s'en était
accrue. Son caractère hautain et la mélancolie de madame Wall tenaient ces deux dames éloignées l'une de
l'autre. La dame du château aurait cru s'abaisser de
venir voir madame Wall, et celle-ci, sans trop songer
à la hauteur de sa voisine, préférait à tout sa solitude.

Mais Charles, dans ses excursions, avait rencontré
Frédéric; celui-ci, gâté par trop de soins et de prévenances, ne savait rien faire tout seul, pas même s'a-
muser. Enchanté de trouver un compagnon de jeu, dont
il comptait bien faire son complaisant, il l'avait en-
traîné au château, où sa mère le reçut assez bien, en
le considérant toutefois comme avait fait son fils. Elle
permit donc à Frédéric de le lui ramener quand il le
voudrait. Madame Wall ne s'opposa pas à ce que son
fils contractât cette nouvelle connaissance, de peur que
son refus ne lui attirât un ennemi, mais elle questionna
Charles, et elle vit par ses réponses que Frédéric était
fort mal élevé; dès lors tous ses soins tendirent à pré-
erver son enfant de la contagion du mauvais exemple.

Cependant Charles n'avait pas été invité à la fête du seigneur; on le croyait d'une naissance commune, et l'on n'avait pas jugé convenable de l'admettre au milieu de la noblesse réunie de tout le canton.

On vient de voir comment madame Wall avait cherché à l'en consoler. Le lendemain matin, Charles, frais et dispos, se leva avec le soleil, et sa mère lui demanda de son lit, si ce spectacle ne valait pas bien celui de l'illumination du château. Charles répondit qu'il le trouvait plus beau, qu'il n'y avait pas de fête aussi grande qu'une belle matinée d'été; que cependant il aurait été bien aise de voir aussi l'autre fête, mais qu'il ne voulait plus y penser. Aussitôt il sortit en sautant et courut dans le bosquet, où il trouva sur une table verte son pain, son lait, et tous ses petits convives qui commençaient à se réunir.

C'étaient les pinsons, les fauvettes, les chardonnerets et tous les moineaux du jardin. Bien loin de les chasser à coup de pierres, Charles les invitait toujours à partager les miettes de son pain. Ces jolis petits êtres étaient si apprivoisés par la douceur, la bonté de leur Mécène, qu'ils l'entouraient en gazouillant et en se disputant leurs petites parts. Quand madame Wall arriva, Charles lui fit signe de n'arriver que tout doucement, pour ne pas effrayer sa nombreuse et joyeuse société. Cette bonne mère s'arrêta en le regardant d'un air attendri. Elle priait intérieurement le Ciel de lui conserver cette bonté et le bonheur qui l'accompagne toujours, quand le son lugubre des cloches, et une certaine rumeur qui annonce ordinairement les coups du sort, attirèrent son attention.

Il s'était plu à frapper le seigneur d'Helldorf au mi-

lieu de toutes les joies de sa fête. Une attaque d'apople-
xie l'avait renversé mort comme il finissait un repas
somptueux

A cette nouvelle, Charles se mit à pleurer en s'écriant
Ah ! pauvre Frédéric , comme il doit être malheureux !
Il l'était en effet bien plus qu'il ne s'en doutait lui-même,
car cette mort subite lui enlevait l'héritage sur lequel
sa mère avait tant compté. On trouva dans les papiers
de M. d'Helldorf un testament, antérieur à la naissance
de Frédéric, et qui assurait toute la fortune du vieux
seigneur à un parent éloigné. M. d'Helldorf avait remis
de jour en jour à annuler cet acte par un nouveau testament en faveur de son fils adoptif; et cette mort, à
laquelle il lui répugnait de penser, l'avait surpris.

Le malheur, comme cela arrive toujours, abaissa la
fausse fierté de la mère de Frédéric. Son désespoir,
après s'être adressé à des femmes de chambre, eut encore besoin de s'épancher ; et, comme elle ne trouva
plus personne qui fût disposé à s'attendrir en écoutant
ses gémissements intéressés, elle vint , pour la première
fois, chez madame Wall. Là cette femme orgueilleuse ,
qui jusqu'à ce jour n'avait répondu aux salutations de
la veuve que par une inclination de tête dédaigneuse,
trouva à propos de l'embrasser, de la traiter en égale,
même en amie ; mais ce fut pour ne lui parler que
d'elle-même, et pour l'accabler de l'insupportable ennui de ses plaintes mille fois répétées.

Au milieu de sa douleur, trop intéressée pour être
intéressante, une lettre du nouveau légataire, signée *de
Helldorf*, l'invita à habiter toujours le château et à
serveiller la terre; elle lui annonçait qu'il était veuf et
sans enfants, comme son prédécesseur, sans désir de se
remarier , et lui donnait l'espoir d'adopter Frédéric.

Charles remarqua, peu do jours après, quo la dame
du château ne revenait plus. — Sans douto qu'ello est
heureuse, lui répondit madame Wall. — Eh bien l je
l'aimais mieux quand elle était malheureuse, reprit l'enfant. Elle n'a plus pour moi ni pour toi les mêmes prévenances que ces jours passés. J'avais pourtant lu, je
ne sais plus où, que le bonheur devait rendre meilleur
et plus doux, et que c'était au malheur qu'il fallait par-
donner d'inspirer un peu plus que la fermeté nécessaire pour le supporter et le vaincre. La veuve ne répondit à cette réflexion que par un sourire.

Il y avait deux raisons pour lesquelles la dame du
château ne pouvait plus souffrir madame Wall. D'abord,
c'est que sa fierté ne lui pardonnait pas d'avoir montré
sa faiblesse, son désespoir, et de ce qu'elle avait senti,
sans toutefois se l'avouer, la supériorité d'esprit et de
sentiment de la pauvre veuve. On avait d'ailleurs été
franc avec elle dès qu'on n'avait plus craint de l'avoir
pour dame. Les domestiques, les paysans qui détes-
taient la dureté de ses manières hautaines, et quo Frédéric tourmentait sans cesse de toutes ses fantaisies,
s'étaient laissés aller à une joie très significative. Elle
avait entendu des vérités désagréables sur son avarice,
et aussi sur le caractère fantasque, paresseux, tapa-
geur et violent de monsieur son fils.

On assure même qu'on avait fait des comparaison
ontre la dame du château et la dame du village, comme
entre leurs enfants, et qu'elles avaient été toutes de
nature à exciter l'envie, la jalousie et le dépit do la
première. Aussi la méchante dame, bien loin de songer
à se corriger et à mieux élever son fils, no pensa-t-elle
qu'au moyen d'éloigner la pauvre veuve et le bon petit

Charles, d'abord du château, et puis du canton ; car il lui tardait de se débarrasser d'une présence qui lui reprochait ses faiblesses et tous ses défauts.

Un jour Charles rentra triste et tout pensif. Interrogé par sa mère, il lui répondit, les larmes aux yeux, qu'il n'aimait pas le château, et qu'il ne voulait plus y retourner. Il fallut quelques instances de madame Wall pour lui arracher que la grande dame avait défendu à Frédéric de l'embrasser, de le tutoyer, de se montrer avec lui bras dessus bras dessous, parce que, disait-elle, c'était s'abaisser, s'avilir, que de se familiariser ainsi avec un enfant d'une classe subalterne.

La pauvre veuve prit son fils dans ses bras et le consola par ses caresses ; puis, pour le distraire, elle entreprit un peu plus tôt sa promenade accoutumée. Ils marchèrent d'abord silencieusement, mais bientôt l'enfant prit les devants comme à son ordinaire.

— Charles, lui cria sa mère, pourquoi donc diriges-tu notre promenade plutôt vers cette petite source que vers le grand étang que voilà de ce côté ?

— Oh ! maman ! répondit Charles, c'est que la source est bien plus agréable.

— Ainsi, reprit la mère, si tu avais à te bâtir une jolie habitation, tu l'établirais près du ruisseau, et non sur le bord de l'étang ?

— Mais sans doute, reprit Charles.

— Et pourquoi ?

— Mais d'abord, maman, l'eau stagnante de l'étang nous infecterait sans nous désaltérer, tandis qu'au contraire la limpidité de la source serait utile à ton ménage. Et puis ses environs ne sont point couverts de brouillards malsains comme les bords de l'étang ; les

!grands vents s'y font moins sentir; enfin, au lieu de
ces vilains roseaux qui sortent d'une bourbe fétide, la
fraîcheur de notre ruisseau fait naître sur ses bords un
joli gazon tout émaillé de fleurs odorantes.

— Ainsi donc, mon cher Charles, tu préfères la
source, toute petite qu'elle est, au grand étang? Eh
bien ! mon enfant, pourquoi tes préférences pour les
semblables ne naîtraient-elles pas du même principe?
Il en est d'eux comme de cette source et de cet étang.
Ce n'est pas par la grandeur de leur position qu'il faut
apprécier les hommes, c'est par leur mérite, leur agré
ment et leur utilité. Les meilleurs, c'est-à-dire ceux
dont la société est la plus sûre et la plus douce, quel·
que part et quelque petits qu'ils soient, sont toujours
préférables. Si donc tu te sens plus instruit, plus modeste et plus compatissant que les habitants du château,
au lieu de l'affliger et de l'irriter de leur orgueil, plains-
les de leur aveuglement; au lieu de regretter leur grandeur, éloigne-toi d'elle comme d'une position où il est
difficile de conserver sa véritable élévation personnelle,
et où ils sont plus petits que toi.

Ces paroles consolèrent Charles et lui remontèrent
le cœur. Sa mère eut soin qu'elles ne lui inspirassent
qu'une juste et noble fierté. Mais Frédéric regrettait son
compagnon de jeux. Il s'échappait quelquefois et venait retrouver Charles, qui, par complaisance, consen-
tait à courir avec lui. Mais c'était à regret, car Frédéric, gâté par les mauvais conseils et les mauvais
exemples de la dame du château, affectait sans cesse
une sotte fierté avec les paysans, et les outrageait quelquefois. Il arriva même que Charles, lui reprochant de
maltraiter un voisin qu'il aimait, Frédéric lui répondit

par une insulte et une menace qui furent repoussées sur-le-champ, de manière à ôter au jeune baron l'envie de recommencer.

Frédéric alla s'en plaindre à sa mère, en mettant tout le tort du côté du fils de la veuve, qui s'obstinait, osa-t-il dire, à le joindre à ses jeux, et dont il ne pouvait se débarrasser. La dame, furieuse qu'on eût manqué de respect au futur seigneur de la baronnie, fit menacer madame Wall de la faire chasser de ses terres; mais la veuve observa que le seigneur lui-même n'en aurait pas le pouvoir, et que sans doute il ne le voudrait pas. Pour cette fois, il fallut que la colère de la dame se passât en propos violents.

Mais Frédéric, plein d'une noire rancune, chercha les moyens de se venger : il gagna, par quelques présents, deux enfants des domestiques du château, s'arma avec eux de bâtons, et alla attendre son adversaire dans le bois voisin de la source. Il s'y rendit deux fois inutilement; mais sa lâche méchanceté fut persévérante, et, à la troisième fois, il eut le vain plaisir de voir le petit Charles s'approcher en jouant et en cueillant des fleurs du lieu où il se tenait en embuscade. Aussitôt Frédéric s'élance : il apostrophe Charles; il le traite de misérable insolent; il lui dit que l'instant de son châtiment est venu, qu'il va apprendre enfin qu'on n'insulte pas un homme de son espèce impunément. Il perd ainsi le temps en injures, soit par lâcheté et pour s'exciter lui-même à commencer un combat pourtant si inégal, soit que la nature inspire une certaine répugnance de se frapper soi-même dans son semblable, et qu'il faille, avant d'en venir à cette extrémité, s'étourdir par des paroles, s'attirer des réponses provoquantes et s'être enivré de colère. Cela donna le temps à Charles de reconnaître le danger qu'il courait et de sauter tout-à-coup sur le bâton de l'un des assaillants. Il s'en servit avec tant d'adresse et de courage, que ses trois adversaires, M. Frédéric surtout, eurent les membres meurtris et la tête à demi fracassée avant que madame Wall et quelques paysans, qui avaient vu de loin le commencement de la querelle, eussent pu arriver pour secourir Charles et séparer les combattants.

On n'imagine pas la fureur de la dame du château quand elle vit revenir monsieur son fils avec l'œil enflé, la joue meurtrie, et se plaignant d'avoir le corps tout rompu. Il prétendit avoir été attaqué inopinément par Charles, et que, sans un secours venu à propos, il aurait péri sous ses coups. Mais quand la dame voulut faire informer de ce délit pour en tirer une vengeance éclatante, il fut prouvé que tout le tort était du côté de Frédéric. Le cri public fut même si unanime, que sa mère, craignant l'arrivée du nouveau seigneur, jugea à propos d'y céder, au moins en apparence, et de faire semblant de se désister de sa poursuite. Mais elle ne manqua plus une occasion de causer du désagrément à madame Wall ; elle la tourmenta de toutes sortes de façons : c'était tous les jours des vexations nouvelles.

Enfin, un soir que le petit Charles était sorti seul, l'heure du souper arriva sans lui à la maison de la veuve. Déjà madame Wall, inquiète, avait été au-devant de son fils ; elle rentrait sans l'avoir rencontré, mais avec l'espoir qu'il serait revenu dans le village par un autre chemin, quand une grosse rumeur, au travers de laquelle perçaient des pleurs et des cris, l'émut et fixa son attention. Il lui semblait, sans qu'elle sût pourquoi, que ces cris lui perçaient le cœur. Aussi, elle qui évitait toute société, se précipita-t-elle vers cette foule au lieu de la fuir. Plus elle approche, plus les gémissements qui frappent son oreille oppressent sa respiration et déchire son sein ; enfin elle y répond par un cri déchirant, car elle a entrevu l'infortuné : c'est son pauvre enfant qu'on traîne en prison. Elle se jette sur la porte fatale et tombe sur le pavé, repoussée par cette horrible porte qu'un dur geôlier a refermée brusquement entre elle et son fils. Ses prières, ses plaintes, ses cris ne peuvent la lui faire rouvrir. Les femmes du village la relèvent et veulent la consoler : elle les regarde, puis ensuite la prison, et ses pleurs coulent encore. On veut la contraindre de retourner chez elle ; elle déclare qu'elle n'a plus d'autre asile que cette prison qui renferme son fils ; plus de lit que le seuil de cette porte derrière laquelle il pleure sa mère et sa liberté ; plus de nourriture que le pain, que l'eau qu'on lui donnera, e qu'elle veut partager ; enfin, qu'elle vivra, qu'elle mourra près de lui.

Ses larmes, son désespoir désarment jusqu'aux gardes du château ; ils disent qu'on accuse ce pauvre enfant d'avoir volé du bois dans la forêt du seigneur, mais que l'accusateur est M. Frédéric : et la preuve, une seule baguette qu'ils ne lui ont pas même vu couper. Des habitants se rassemblent, ils s'émeutent, ils crient à l'injustice ; les garde-chasse et le crieur de nuit vont prévenir le bourgmestre : celui-ci va chez la dame du château et lui fait de sages représentations.

Elles auraient été bien inutiles, si l'humanité et la justice qui les inspiraient à ce magistrat avaient seules plaidé la cause de Charles. Mais la dame craignit d'une part de trop mécontenter les habitants, et de l'autre, elle conçut l'espoir de se débarrasser de la pauvre veuve. C'est pourquoi elle lui envoie dire par le bourgmestre qu'elle consentirait à ne point faire condamner son fils comme un voleur, et même à le lui rendre sur-le-champ, si elle s'engageait à quitter avec lui le canton avant huit jours. Elle exigea même que Charles et sa mère allassent assez loin pour qu'on n'entendit plus parler à Helldorf d'un si mauvais sujet et d'une femme dont on ignorait, disait-elle, l'origine, qui portait un nom vraisemblablement supposé, et dont enfin le secret devait être bien peu honorable, puisqu'elle le cachait avec tant de soin.

Le bourgmestre vit tant de haine dans le cœur de la dame, qu'il conseilla à la pauvre veuve de céder et de fuir, parce que tôt ou tard une si puissante animadversion pouvait lui devenir funeste. Madame Wall était fière, mais sa sollicitude pour son fils l'emporta sur sa fierté révoltée : elle promit tout ce qu'on voulut, et le bon bourgmestre s'empressa de lui rendre son enfant. La pauvre veuve l'entraîna précipitamment chez elle.

Il lui raconta alors en pleurant tous les mauvais traitements dont on l'a accablé : comme quoi, lorsqu'il fut saisi et emmené devant la dame, celle-ci l'avait injurié, l'avait menacé de le souffleter, et la lâcheté de Frédéric, qui aussitôt avait tenté d'exécuter cette menace; comme il s'était défendu ; et l'humidité de sa prison, son obscurité, la paille sale et pourrie sur laquelle on l'avait jeté, le pain noir, l'eau fétide qu'on lui avait donnés. La pauvre mère l'écoutait, elle suivait tous ses mouvements, elle se sentait partout où il avait été : dans ses yeux brillaient tantôt des larmes d'attendrissement ou de douleur, et tantôt des éclairs d'indignation.

Ses pleurs n'étaient pas encore séchés quand on vint, de la part de la dame du château, lui déclarer que si sa maison n'était pas vendue dans vingt-quatre heures, et son déménagement achevé dans trois jours, son fils serait repris et traduit en justice. Elle lui fit offrir en même temps un prix fort modique de sa petite propriété. Madame Wall était si effrayée, elle se voyait poursuivie avec un si violent acharnement, qu'elle fut forcée de se résigner encore à perdre la moitié de ce qui lui restait et à fuir.

Si l'on veut savoir pourquoi cette méchante dame était si pressée de consommer sa mauvaise action, c'est qu'on venait de lui annoncer l'arrivée du nouveau seigneur : elle ne connaissait pas son caractère, elle craignait l'effet des plaintes de madame Wall. Il circulait bien un autre bruit dans le village : c'est que l'argent qui devait servir à payer si mal la maison de la veuve avait été dérobé, pendant la confusion produite par la mort imprévue de l'ancien seigneur, à la succession d'Helldorf. Ce bruit pouvait être faux et cette horrible accusation calomnieuse, mais la dame du château se l'était attirée : elle méritait cette injustice, si c'en était une, parce qu'elle s'était fait détester par son orgueil, par sa dureté envers les pauvres, et parce qu'enfin elle venait de se rendre coupable envers madame Wall, d'une fort mauvaise action, et qu'une mauvaise action en suppose d'autres et les rend vraisemblables, même quand elles ne sont pas vraies.

Ce fut d'abord une grande désolation dans le village quand on y apprit le départ de madame Wall et du gentil petit Charles. Mais les apprêts de la brillante réception qu'on voulait faire au nouveau baron détournèrent bientôt l'attention générale. La dame du château voulut donner à tout ce qui dépendait d'elle un air de joie et de bonheur, et entourer celui dont elle allait dépendre de toutes sortes de séductions : moins elle avait fait d'heureux, plus elle tenait à ce qu'on parût l'être et à ce qu'on la crût bonne et bienfaisante ; ce qui prouve que ce n'est pas innocemment qu'on se laisse aller à ces mauvaises dispositions.

Elle fit dresser un arc de triomphe de verdure, elle ordonna qu'on se tînt prêt à semer de fleurs l'avenue du château. Le bourgmestre dut préparer un beau compliment, où il fallut que, bon gré mal gré, l'éloge de la dame eût sa bonne place. On y parlait souvent des vertus qu'elle n'avait pas, parce que c'était justement celles dont elle se vantait et auxquelles elle attachait le plus de prix. Enfin M. Frédéric apprit par cœur une pièce de vers analogue à la circonstance.

On était arrivé à la veille de ce grand jour. Pendant que tout le village était en mouvement, que les femmes faisaient les bouquets, préparaient leur toilette, que tous les cabarets étaient ouverts, et que les paysans, excités par la bière et l'eau-de-vie chantaient en travaillant aux apprêts de la fête, la pauvre veuve, sa vieille bonne et le petit Charles, faisaient en pleurant ceux de leur départ. Il fallait que le soir même ils eussent quitté cette douce et solitaire retraite qui avait protégé leur infortune, et dans laquelle Charles avait grandi et atteint l'âge de dix ans. Ils allaient partir sans argent, car le prix de la maisonnette n'était pas encore payé, et ils ignoraient où ils porteraient leur douleur et leur misère.

Quand tous les paquets furent fait tant bien que mal,
tant on pressait le départ de ces infortunés, Charles
demanda à sa mère la permission d'aller voir encore
une fois cette source près de laquelle il s'était tant amusé,
et où sa mère lui avait donné de si excellentes et de
si douces leçons. Il y arrive : il en considère tristement
les charmes ; il lui semble que le murmure du ruisseau
plaint ses malheurs, et lui dit doucement et tristement
adieu. Il contemple la limpide pureté de l'onde tranquille où ce joli ruisseau plaint sa source ; il sent son
âme aussi pure qu'elle, et pourtant il est malheureux,
il est proscrit. Mais il trouve de la douceur en lui-même,
il y retrouve ce courage que donne le témoignage d'une
bonne conscience ; c'est alors qu'il comprend entièrement ces paroles de sa mère, que Dieu nous éprouve
souvent par des malheurs, mais qu'alors il nous laisse
la plus grande des consolations, celle de ne les avoir
pas mérités aux yeux des hommes.

Il se retirait à pas lents, la tête penchée et les yeux
mouillés de larmes, lorsqu'une voix aigre et moqueuse
interrompit ses tristes pensées. Il se retourne, il voit
Frédéric accompagné d'un autre enfant plus grand et
plus fort que lui ; tous deux sont encore armés de bâtons.

— Eh quoi ! misérable enfant, lui crie le détestable
petit baron, tu n'as pas encore obéi à ma mère, à la
maîtresse du château ! Penses-tu donc nous importuner
longtemps encore de ta présence ? Pourquoi viens-tu
m'interrompre ici ? est-ce pour m'empêcher d'apprendre le compliment que je dois réciter demain à mon
cousin le baron d'Helldorf ? Ma mère avait bien raison
quand elle te fit traîner en prison ; mais sais-tu à qui

tu dois le bon temps que tu y as passé? C'est à moi-même; c'est moi qui t'ai joué le tour d'aller dire que je t'avais vu couper du bois dans notre forêt. Croyais-tu donc que tu aurais osé tenir tête impunément à l'héritier du seigneur d'Helldorf? Apprends, petit misérable, que c'est parce que tu as voulu faire le fier avec moi qu'aujourd'hui l'on te chasse de la seigneurie.

Pendant cet impertinent discours, Charles fut terriblement tenté de se jeter sur ce méchant; mais le souvenir des prudentes recommandations de sa mère le contint, et surtout la crainte de lui attirer de nouveaux malheurs. Il se contenta donc de répondre:

— Sois tranquille, Frédéric, les vils mensonges et la méchanceté de ta mère ont réussi: nous partons ruinés, nous sommes sans asile, mais sans remords. Te voilà seul maître de cette source: puisse-t-elle réfléchir à tes yeux ton cœur comme ta figure, car tu le trouveras si laid, que peut-être le corrigeras-tu! A ces mots il s'en alla en lui tournant le dos, et Frédéric, furieux, excita son compagnon à l'aider à battre le pauvre Charles; mais comme ils allaient le surprendre par derrière avec deux grands coups de leurs bâtons déjà levés, un étranger, enveloppé dans un manteau, sortit tout-à-coup d'entre les premiers arbres de la forêt. Il avait été témoin de toute cette scène; une exclamation qu'il jeta en voyant le danger de Charles arrêta Frédéric, qui s'enfuit aussitôt, car on a peur de tout quand on commet une mauvaise action.

Charles, qui n'avait rien à se reprocher ni à cacher, ne craignit pas l'étranger. Il le laissa venir jusqu'à lui, et répondit à toutes ses questions avec tant de naïveté, d'esprit et de précision, qu'il le charma. La sotte querelle

qui venait d'avoir lieu avait appris au voyageur ce qu'é
tait Frédéric ; mais, charmé du bon caractère, de l'es
prit et de la figure distingué de Charles, il lui proposa
puisqu'on le chassait du village, de l'emmener, l'assu
rant qu'il serait bien nourri, bien habillé, et que, s'i
était content de lui, il lui donnerait des maîtres et toute
sortes de jeux récréatifs. Il paria entre autres choses,
d'un joli fusil et d'un beau cheval avec lesquels ils iraient
ensemble à la chasse et à la promenade. Charles le re
mercia beaucoup et consentit à le suivre, mais à con
dition qu'il emmènerait aussi sa mère, ajoutant qu'il ne
pouvait se séparer d'elle, et que rien dans le monde ne
l'y déciderait.

Cette réponse plut à l'étranger. Dans ce qu'il avait
entendu de la dispute, ce qui l'avait le plus surpris c'é
tait la réplique de Charles à Frédéric, à propos de la
source ; il y trouvait plus de profondeur qu'il n'appar
tenait à un enfant de cet âge, et il lui en témoigna son
étonnement. Cela amena Charles à lui raconter ses
conversations avec sa mère.

L'étranger, de plus en plus étonné des sentiments éle
vés de cet enfant et de l'excellente éducation qu'ils an
nonçaient, commença à le questionner sur celle qu'il ap
pelait sa mère. Il apprit tous ses malheurs : qu'elle était
veuve d'un officier allemand, tué dans une affaire il y
avait plus de dix ans ; que la famille de cet officier n'a
vait pas voulu reconnaître son mariage, parce que
tous les titres et toutes les personnes qui pouvaient le
constater avaient péri ; que cela avait forcé sa mère à
changer de nom. Alors Charles s'étendit sur toutes les
vexations que la dame du château et son fils leur avaient
fait éprouver. Plus il parlait, et plus le voyageur l'écou-

tait avec intérêt et attendrissement. Charles crut même sentir plusieurs fois qu'il lui serrait légèrement la main, et apercevoir quelques larmes dans ses yeux. Enfin il le vit se lever avec vivacité, faire signe à un palfrenier, qui tenait deux chevaux à cent pas de là, de le suivre, et s'écrier : «Allons donc voir votre mère, que vous aimez, qui vous aime tant, qui vous a si bien élevé, et que vous dites si malheureuse.»

Pendant qu'ils conversaient ainsi, Frédéric s'en était retourné chez sa mère en réfléchissant au mal qu'il pourrait encore faire à ce maudit Charles, avec lequel il avait toujours tort. Comme son premier et son second mensonge avaient réussi, et que, bien qu'ils eussent été avérés, sa mère les avait fait servir à sa haine au lieu de l'en punir, il espéra qu'une nouvelle calomnie lui réussirait de même et le vengerait en même temps de cet étranger qui avait fait manquer à sa rancune contre Charles une si belle occasion. Il porta donc plainte contre le voyageur : il assura qu'un homme grand et fort, étranger à la baronnie, et dont il donna le signalement, l'avait poursuivi avec l'intention de l'assommer ; il s'excusa sur ce danger de ne pouvoir encore débiter sans faute sa pièce de vers pour le baron d'Helldorf : c'était cet homme et son attaque inopinée qui avaient troublé sa mémoire.

Il n'y avait dans tout cela rien de vraisemblable ; mais la dame était tellement déterminée à ne jamais trouver aucun tort à son cher Frédéric, et elle avait pris une telle habitude de se laisser aller à tous ses mouvements de colère, qu'elle envoya sur-le-champ courir après cet étranger pour qu'on le lui amenât. Le méchant Frédéric, voyant le succès de sa calomnie, ajouta que Charles avait été présent au danger qu'il avait couru, et qu'il pensait que cet assassin était un homme apposté par madame Wall pour servir sa vengeance contre sa mère, que vraisemblablement on avait voulu frapper en lui.

Cette nouvelle accusation enflamma de nouveau et si violemment la méchante âme de la dame du château, que Frédéric lui-même en fut effrayé. Il craignit d'abord que les suites de cette affaire ne découvrissent son infâme mensonge. Pourtant la haine de sa mère contre madame Wall le rassura. Il vit donc avec un certain plaisir qu'on donnait l'ordre au bourgmestre d'informer sur ce nouveau crime, qu'on traitait de guet-apens et d'assassinat prémédité.

Il était plus de onze heures du soir quand on vint rendre compte à la dame du château de l'exécution de ses ordres. Les gardes n'avaient pas trouvé d'étranger, quoiqu'on sût qu'en effet il en était venu un dans le pays. Quand à madame Wall, on venait de se transporter à sa demeure, mais on l'avait trouvée fermée; aucune lumière ne paraissait l'éclairer intérieurement; il semblait d'autant plus vraisemblable qu'elle était abandonnée, qu'il résultait des informations prises chez les voisins, que, vers neuf heures du soir, on avait entendu une voiture s'arrêter devant la porte et repartir une demi-heure après.

Ce départ précipité, au milieu de la nuit, parut confirmer le rapport de Frédéric : il triompha. Sa mère gronda tous ses gens, après quoi elle prit son parti sur cette évasion. Il y avait tout à songer à la réception du lendemain. C'était d'ailleurs une bonne chose que d'être débarrassée, dans cette occasion, de la présence

Beaux Exemples de vertu.   4

accusatrice de la veuve, et de rester à peu de frais maîtresse de sa petite propriété.

Le lendemain dès le matin tout le village fut sur
pied, et la dame alla se placer à l'arc de triomphe, sur
une estrade environnée de fleurs, avec son cher Frédéric, qui marmottait encore son compliment sans pouvoir se le faire entrer dans la tête.

On avait attendu inutilement une grande heure,
quand on vit une voiture toute simple s'approcher;
comme aucun courier ne la précédait, on jugea que
ce n'était sûrement pas celle du baron d'Helldorf. En
effet, un des garde-chasse chargé la veille de courir
après l'étranger qui, disait-on, avait attenté aux jours
de M. Frédéric, crut le reconnaître dans cette voiture
sur le signalement qui lui avait été donné. Il arrêta les
chevaux et envoya avertir la dame de cet incident.
Comme on vint lui dire en même temps que madame
Wall et son fils se trouvaient dans cette même voiture,
tous ses soupçons de complicité lui parurent positivement confirmés. L'impatience avec laquelle elle attendait le nouveau seigneur augmentait, en cet instant, sa
violence naturelle; elle ordonna donc avec emportement que ces gens lui fussent amenés sur-le-champ, et
commanda au bourgmestre de procéder à leur inter-
rogatoire sur le lieu même, et en présence de tout le
village.

Du plus loin qu'elle les vit :

— Ah! je vous tiens donc! s'écria-t-elle. Frédéric,
reconnaissez-vous cet homme-là pour celui qui vous
a accosté hier au soir près de la source? — Oui, maman,
répondit effrontément Frédéric... — Allons, M. le bourgmestre, reprit-elle, c'est bien lui, vous le voyez: in-
formez donc à l'instant même!

Mais à la première question que le bourgmestre adressa au voyageur sur son nom et ses qualités, les choses changèrent bien de face. Qu'on se figure la surprise universelle quand on entendit celui qu'on traitait déjà en prisonnier et en coupable, répondre à haute voix :

Je suis Ernest, baron d'Helldorf. Voici ma femme, madame la baronne d'Helldorf, votre dame et mon fils Charles, votre futur seigneur !

A ces mots, un cri de joie partit de tous les côtés, excepté de celui de l'estrade, où la dame, qui s'était levée dans sa colère en tenant son cher enfant, retomba à la renverse de saisissement. Sa chute fut si malheureuse qu'elle roula jusqu'au bas de l'arc de triomphe avec M. Frédéric. On les releva tous froissés, sanglants et couvert de boue. Comme la maison de la veuve était tout proche, on les y fit entrer pour les panser et les approprier.

Il y avait autant d'étonnement et de joie dans les ris que jetaient les habitants à la vue de la pauvre veuve qu'ils aimaient, devenue tout-à-coup leur dame. Comme mes chers lecteurs partagent peut-être cette surprise, il me semble à propos de leur dire ce qui s'était passé la veille près de la source, et dans la maison de la veuve, après le départ de Frédéric.

Nous avons laissé Charles et l'étranger se tenant par la main et s'acheminant vers la maison de madame Wall. Ils arrivèrent près de l'humble demeure de la veuve ; mais alors Charles s'inquiète, il prie le voyageur de ne pas entrer parce que sa mère ne reçoit jamais personne depuis la perte qu'elle a faite de son mari ; mais il ajoute qu'il va lui apprendre le service

qu'il lui a rendu, et que sans doute elle voudra le remercier elle-même. En effet, un instant après madame
Wall sort en s'écriant :

— Où est-il ? que je lui rende grâce de t'avoir défendu !

Le son de cette voix frappe l'étranger, qui, dans la
crainte d'être importun, se retirait déjà ; il se retourne
vers madame Wall, et dans l'instant tous deux s'arrê-
tent, se regardent, jettent un cri, et tombent dans les
bras l'un de l'autre. Charles accourt ; madame Wall
l'attire à elle toute tremblante, et lui dit :

— Charles, le voilà ! voilà ton père ! Et tous trois
entrent aussitôt dans l'humble demeure.

Là le comte Ernest apprend de madame Wall que
sa famille n'a point voulu la reconnaître pour sa femme ;
que, se voyant presque sans ressources, elle a été forcée de changer de nom et de se choisir cette retraite,
dont les persécutions de la dame d'Helldorf la chassaient en ce moment même ; mais qu'elle n'avait plus
besoin de rien, qu'elle ne regrettait rien, et qu'elle pardonnait à tout le monde, puisqu'elle retrouvait son cher
Ernest.

Alors elle demande à son tour par quelle faveur du
ciel il lui est rendu. Le comte lui répond que, dans
l'affaire malheureuse qui a suivi leur dernière séparation, il resta pour mort sur le champ de bataille et
tomba au pouvoir de l'ennemi ; qu'il lui fallut les cinq
années passées en captivité pour se rétablir de ses bles-
sures. Toutes les lettres à sa femme étaient restées
sans réponse ; sans doute sa famille avait su les sous-
traire. Depuis la paix et son retour, il avait fait d'inu-
tes recherches dans toute l'Allemagne, sans pouvoir

onnaître le sort de sa malheureuse épouse, et de vaines
démarches près de ses parents. Ils lui ont caché leur
dureté envers elle, et jusqu'à leur désapprobation de
son mariage ; que depuis, trouvant le village où il s'é-
tait marié et les lieux d'alentour bouleversés par la
guerre, il s'était enfin persuadé qu'elle avait péri,
n'ayant probablement pas pu fuir à temps.

Cependant sa douleur et un reste d'incertitude l'a-
vaient décidé à ne jamais se remarier, quand, dix ans
après leur séparation, il avait reçu la nouvelle qu'un
baron d'Helldorf, son parent éloigné, venait de mourir
subitement et de lui léguer sa baronnie, mais à condition qu'il joindrait à son nom celui d'Helldorf, que le
vieux seigneur ne voulait pas laisser mourir avec lui.
Il ajouta qu'accoutumé depuis son retour de captivité
à parcourir *incognito* les lieux où ses affaires le con-
duisaient, dans l'espoir d'apprendre quelque chose du
sort de sa femme et de son enfant, il avait suivi cette
habitude dans sa nouvelle propriété. Mais ici ç'avait
été surtout dans l'intention d'éclairer quelques soupçons qu'on lui avait donnés sur la gestion de la dame
sa parente, qui demeurait au château, et sur le caractère de son fils Frédéric, qu'on l'avait presque décidé
à adopter ; mais qu'il en avait assez vu et entendu, tant
dans le village que près de la source, pour être décidé
à se débarrasser le plus tôt possible d'une femme si
intéressée, si méchante, et d'un enfant si mal élevé.

A ces mots, madame Wall, ou plutôt madame la baronne d'Helldorf, et Charles poussés par une générosité
bien louable, avaient supplié M. d'Helldorf d'adoucir la
rigueur de cette sentence ; mais il répondit qu'il savait
sur la délicatesse de cette femme plus de choses fâ-

cheuses qu'il ne voulait en dire. Passant alors sur ces
détails pénibles, il dit que, puisqu'on avait chassé la
pauvre veuve du village, il fallait qu'elle en sortit, mais
pour y rentrer le lendemain d'une manière convenable.
C'était alors que son palfrenier avait été envoyé pour
chercher sur-le-champ cette voiture dont les voisins
avaient entendu le bruit. Voilà comment s'était arrangé
la veille au soir l'effroyable désapointement que venait
d'éprouver la dame du château.

Nous l'avons laissée toute confuse dans la maison
de la veuve. Pendant qu'on y nettoyait sa robe et sa
figure, et qu'on lui faisait boire force vulnéraire ainsi
qu'à M. Frédéric, M. et madame d'Helldorf s'établissaient
dans leur château. La première écritoire que M. d'Helldorf y rencontra le tenta si violemment qu'il ne put
y résister. Il se mit aussitôt à écrire une lettre fort sè-
che qui fut à l'instant envoyée à sa cousine. La méchante dame y lut que, pour s'épargner une entrevue
désagréable et des explications fâcheuses, tant sur la
question de la baronnie que sur les vexations arbi-
traires qu'avaient éprouvées madame d'Helldorf et son
fils, ils paraissait convenable qu'on ne la revît plus au
château ; que grâce à l'intercession de madame d'Helldorf et de Charles, il lui envoyait, avec tout ce qui lui
appartenait, le triple de la valeur de la maison de la
veuve, qu'elle avait voulu s'approprier à si bon marché ; mais que c'était à condition qu'elle choisirait, loin
de la baronnie, une autre résidence.

Cette lettre fut suivie d'un billet touchant de madame d'Helldorf, auquel était jointe une forte somme
d'or. La fausse fierté de la méchante dame ne trouva
pas à propos de refuser ce présent, quoiqu'il lui vînt

d'une main qu'elle avait voulu flétrir et ruiner. Elle s'en alla en emportant les deux cadeaux, ainsi que le détestable petit M. Frédéric, et l'on n'en entendit plus parler.

Dès ce moment le baron, la baronne d'Helldorf et le jeune Charles furent tout entiers au bonheur qu'ils méritaient si bien. Leurs jours s'écoulèrent délicieusement dans les vastes et beaux domaines de cette seigneurie. Charles eut un joli chien et un bon fusil, avec lequel il rapportait souvent en triomphe du gibier à sa mère. M. d'Helldorf lui donna aussi, comme il le lui avait promis près de la source, un excellent petit cheval de selle sur lequel il se promenait tous les soirs dans les grands bois d'Helldorf, entre son père et sa mère.

C'était dans ces promenades que le baron, qui avait reçu une excellente éducation, lui donnait, en l'amusant, un aperçu général de l'histoire de son pays jusqu'au moment présent, et des idées de physique générale, de géographie et d'histoire naturelle. L'esprit de Charles se formait, s'étendait ainsi, en même temps que son cœur se développait par les exemples touchants de bienfaisance, de bonté et de générosité que lui donnaient sans cesse ses parents. On ne voyait autour d'eux que des visages riants. Aussi les vœux reconnaissants de tant de cœurs attirèrent-ils sur cette famille vertueuse toutes les bénédictions du ciel. Ils eurent des enfants dignes d'eux : Charles aida son père et sa mère à les élever et à les instruire, et acheva lui-même son adolescence au milieu de cette atmosphère de bonheur et de vertu.

L'ORPHELINE.

M. Lorin, capitaine de marine marchande. avait déjà fait trois voyages au Levant, lorsqu'à sa rentrée en France, en 1802, son navire eut le bonheur d'arriver assez à temps pour porter secours à un vaisseau américain qui venait de s'entr'ouvrir en touchant sur un récif des côtes de Bretagne. Ses braves matelots et lui furent assez heureux pour arracher à la mort une grande partie de l'équipage ; mais qu'elle ne fut pas sa joie en reconnaissant parmi ces malheureux un officier avec lequel il s'était lié d'une étroite amitié pendant son séjour dans l'Inde. Cette reconnaissance au milieu du péril, et en quelque sorte l'œuvre d'un bienfait, rendit leur amitié encore plus vive et plus profonde.

James Readley, libre par l'événement qui venait d'arriver, s'attacha aux pas de son libérateur, et tous deux vinrent passer quelque temps à Paris où les affaires de M. Lorin l'appelaient. Mais ce temps qu'ils destinaient

aux affaires se trouva en grande partie absorbé par
les plaisirs. M. Lorin, très connu dans la capitale, y
y était aimé, estimé ; il ne put se refuser aux empresse-
ments de ses amis, et presque toutes ses soirées se passèrent dans les fêtes. Une nuit, ils furent arrêtés au
coin de la rue de Grammont et du boulevard par une
vieille femme qui leur tendit la main ; elle était accom-
pagnée d'une petite fille d'environ cinq ans, jolie comme
un ange. Ces deux messieurs, sans être supris de cet
affligeant spectacle trop fréquent dans nos rues, où les
contrastes se heurtent sans cesse, s'intéressèrent cependant à l'air décent de la mendiante, et rapprochè-
rent involontairement l'image riante de la fête où s'é-
tait écoulée leur soirée du tableau qui s'offrait alors à
leurs yeux ; et s'arrêtant après avoir mis une légère
pièce de monaie dans la main qui sollicitait leur pitié,
ils demandèrent à la pauvre vieille quelles circons-
tances l'avaient réduite à ce triste état, et comment elle
se trouvait la compagne d'une aussi jeune enfant.

Hélas ! répondit la malheureuse femme en essuyant
es larmes qui coulaient sur son visage maigre et ridé.
je suis maintenant la seule famille de cette chère petite ;
c'est l'enfant de mon fils, le seul bien qu'il m'ait légué.
Sa mère a payé de la vie le jour qu'elle lui a donné, et
mon fils, mon Georges, parti il y a deux ans pour l'A
mérique, vient de périr en rentrant en France.

— Quel bâtiment montait-il ? demandèrent vivement
es deux marins.

— Le *Franklin*, je crois.

— Et son nom ? s'écria James Readley.

— Est-ce que vous l'auriez connu, monsieur ? demanda à son tour la bonne vieille avec un mélange de

timidité et d'émotion ; il se nommait Georges Hubert, il était matelot de première classer.

— Madame Hubert, reprit alors M. Readley en lui pressant la main avec surprise et attendrissement, Georges Hubert était un des plus braves et des plus honnêtes hommes de l'équipage ; c'est son courage et son dévouement pour ses camarades qui ont causé sa mort. Oui, je l'ai connu ; je l'aimais, je l'estimais, et aujourd'hui je vénère sa mémoire. Quoique son supérieur il m'a rendu bien des services ; souffrez que je lui prouve ma reconnaissance en rendant à sa fille ce qu'il a fait pour moi.

La pauvre femme, étonnée, confondue, levait au ciel ses yeux tout inondés de pleurs, sa voix brisée par l'émotion ne pouvait pas articuler un mot pour exprimer sa gratitude ; elle voulut se précipiter aux pieds de son bienfaiteur, mais il l'en empêcha, et prenant son adresse, les deux marins s'éloignèrent, lui promettant de la voir le lendemain.

A peine étaient-ils partis, qu'élevant dans ses bras sa petite fille, la mère Hubert s'écria, en la pressant sur son sein et la couvrant de baisers et de larmes : — O ma Jenny ! pour toi plus de souffrances, plus de misère. Dieu, bon et juste en sa miséricorde, va répandre sur l'enfant les récompenses dues aux nobles qualités de son malheureux père ; ah ! puisse-t-il aussi verser dans ton jeune cœur les vertus qui le firent honorer et chérir. Puis, arrivée à sa modeste demeure, la grand-mère s'agenouilla devant l'image du Sauveur, plaçant Jenny à ses côtés : Ma fille, lui dit-elle, remercie le bon Dieu de la protection qu'il t'accorde sur cette terre, n'oublie pas chaque jour de lui en rendre grâces et d'implorer pour ton père, qui est là-haut, sa justice divine.

La chère petite, sans comprendre entièrement sa grand'maman, joignait ses petites mains et demandait à Dieu le bonheur de son père.

Cependant, tandis que cette bonne femme et son enfant exprimait leur gratitude envers la Providence, les deux marins s'entretenaient encore de cette rencontre extraordinaire. M, Readley, plus vif et plus impressionnable que son ami, quoique l'âge eût dû apporter plus de calme à son esprit, M. Readley regardait ce hasard comme une expression de la volonté du ciel.

— Oui, mon ami, disait-il à M. Lorin, je suis veuf, mes enfants m'ont été enlevés dès le berceau ! Eh bien ! Dieu, en plaçant sur mes pas cette innocente créature. a voulu à la fois me rendre l'instrument de sa juste bonté et guérir les plaies de mon cœur. Il me donne un enfant qui sera bon, vertueux, et embellira mes vieux jours.

M. Lorin, tout ému lui-même par la scène qui venait d'avoir lieu , ne partageait pourtant pas entièrement l'enthousiasme de son ami, et, tout en croyant à la sincérité de la mendiante, il se promettait bien de prendre des informations pour connaître ses mœurs, avant de laisser son ami s'avancer autant qu'il le voulait ; il essaya même de lui en dire un mot, car il craignait qu'il ne partît dès l'aurore chez ses nouvelles connaissances.

En effet, à peine furent-ils en route que M. Lorin apprit à son ami que, depuis deux ans que Georges Hubert était parti, sa pauvre mère, veuve depuis longtemps, vivait avec sa petite-fille du produit de son travail et du peu d'argent que son fils pouvait lui faire passer. Avec ce mince revenu, elle avait su, par son ordre et son économie, entretenir dans son intérieur une modeste aisance et placer encore quelqu'argent pour l'avenir de Jenny qu'elle élevait dans les meilleurs principes et environnait des plus sages exemples. Son amour pour cet enfant était extrême ; outre les sentiments si tendres de grand-mère, elle avait encore ceux d'une nourrice et d'une mère car elle l'avait élevée au biberon, lui consacrant et ses jours et ses nuits. Depuis plus de trois ans elle accomplissait avec bonheur cette tache si douce et si fatigante, surtout pour une femme âgée (madame Hubert avait soixante-dix ans), lorsque malheureusement une maladie grave vint interrompre ses soins et briser ses espérances. Privée de ce qu'elle gagnait elle-même, force lui fut d'avoir recours aux économies pour soulager ses douleurs et payer tous les frais qui en sont l'inévitable conséquence ; et, pour comble de maux, victime de l'infidélité de la femme qui la soignait, la pauvre mère Hubert ne revint à la vie que pour connaître l'état complet de dénûment dans lequel l'indigne créature l'avait laissée, elle et la petite Jenny ; elle ne possédait plus rien, et des mémoires préparés à l'avance justifiaient la nécessité des diverses ventes du mobilier. Mais ce n'était pas tout encore, le malheur ne devait pas s'arrêter là : quand elle voulut reprendre l'aiguille pour réparer ses pertes, elle s'aperçut avec désespoir que la maladie lui en avait enlevé les moyens. Sa vue était tellement affaiblie qu'elle pouvait à peine coudre quelques heures, et encore son ouvrage n'avait plus cette perfection qui la faisait rechercher autrefois. L'âme navrée, elle conserva cependant son courage pour élever l'enfant de son fils, car elle était persuadée que Dieu ne repousserait pas ses efforts. Abandonnant donc un ouvrage devenu désormais impossible, elle demanda aux lingères qui jusqu'alors avaient fourni à ses travaux de lui en donner de plus grossiers, moins lucratifs sans doute, mais dont le produit employé avec plus de sévère économie, pourrait encore subvenir à leurs besoins pendant quelque temps. Le succès couronna ses espérances : à force de sacrifices et de privations pour elle, elle parvint à fournir à tous les besoins de sa fille chérie. Mais, hélas ! cette consolation fut de courte durée : les maisons pour lesquelles elle travaillait ayant trop hasardé dans les affaires, éprouvèrent des pertes immenses, furent obligées de suspendre, et l'occupation manqua. A soixante-dix ans on se fait difficilement une clientèle ; l'âge qui devrait inspirer le respect repousse la confiance pour les travaux, et la pauvre grand-mère en fit la triste épreuve ; dans beaucoup de magasins elle fut éconduite sans même être écoutée ; quelques autres plus humains semblèrent consentir à faire un essai, mais la charité seule les portait à cette complaisance, aussi l'ouvrage d'une semaine était souvent payé du prix d'une journée ; avec cela il y avait longtemps, bien longtemps que madame Hubert n'avait reçu des nouvelles de Georges ; pas le moindre envoi. Que faire ?... Hélas ! s'écriait-elle quelquefois avec douleur, en regardant son enfant endormie : ma Jenny, ma fille, faudra-t-il donc me séparer de toi, chercher pour chacune de nous un abri dans l'asile du malheur ? Oh ! non, non, ce serait trop affreux pour ta vieille mère. Et Georges, quand il reviendrait ! Puis la pauvre femme priait Dieu, et ranimée par la prière : Allons, encore du courage, encore de nouveaux efforts, disait-elle ; peut-être, quoique bien vieille, agréera-t-on mes services pour quelques petits ménages, et je joindrai cela au peu que je puis faire.

Bonne grand-mère ! elle les trouva, elle les fit, s'exténua, et la meilleur part de son labeur était toujours pour son enfant, qui cependant, commençait à manquer. Oh ! concevez-vous le chagrin de cette mère infortunée ! Heureusement une lettre de son fils vint lui rendre l'espoir : dans quinze jours il devait être dans ses bras ; il ne fallait donc plus qu'attendre, et le repos allait venir, le bonheur sourirait à l'enfant ! Mais jusque-là, cruelle nécessité, besoin de chaque jour !... C'est alors que pressée par cette puissance qui ne connaît pas de délai, enhardie par l'amour qu'elle portait à sa petite-fille, la malheureuse femme repoussa la honte, brava les scrupules, et ne craignit pas de s'avilir en tendant la main pour soutenir sa Jenny. Chaque soir alors elle sortait avec la petite, sous un prétexte ou sous un autre, car elle n'aurait pas voulu qu'elle pût se douter de son intention.

Hélas ! à peine depuis six jours elle s'abandonnait à ce triste métier, quand elle apprit l'affreux et dernier événement qui venait de la frapper. Nulle expression ne pourrait rendre le désespoir de la tendre mère. Georges, le fils bien-aimé, le père de Jenny n'est plus ! plus d'espérance, plus jamais de bonheur !... Pauvre orpheline ! elle n'aura désormais d'appui qu'une vieille femme que la douleur éteint. C'en est fait, il n'est plus d'autres ressources pour les deux infortunées que la protection accordée par l'Etat à l'indigence ; là, du moins, Jenny conservera des principes honnêtes, elle apprendra à être laborieuse ; son travail la mettra à l'abri du besoin, elle pourra vivre digne encore du nom de son père. Elle venait d'adopter cette dernière ressource, d'en faire la demande le jour même où elle rencontra les deux marins.

Ce récit conduisit les deux amis jusqu'à la demeure de la pauvre femme. M. Readley était tellement attendri de tout ce qu'il venait d'entendre, qu'en entrant dans le triste réduit, oubliant l'âge et les rides de la vieille grand'mère, il la pressa sur son cœur et l'embrassa comme une ancienne amie qu'on sent du bonheur à revoir. Puis il prit, caressa Jenny, la nomma sa fille, sa chère enfant ; et dès le lendemain il faisait déménager son petit appartement de garçon, trop étroit, disait-il, pour recevoir sa famille, et la conduisait avec lui et M. Lorin dans un autre local dont la simplicité n'excluait pas l'aisance.

Cette vie nouvelle, cette nouvelle famille, retinrent M. Readley à Paris beaucoup plus longtemps qu'il n'avait compté. Cependant il ne pouvait pas rester en France ; déjà, depuis deux mois, M. Lorin avait été forcé de le quitter, et lui, il fallait qu'il retournât en Amérique où tout réclamait sa présence. Son intention étant d'adopter définitivement l'orpheline, il tâcha de disposer madame Hubert à ce long voyage, car il sentait qu'il eût été cruel de séparer cette excellente femme de sa chère enfant. Ah ! il fallait bien l'amour qu'elle portait à sa petite-fille pour la décider à un semblable voyage, à soixante-douze ans, quand on craint cet élément ! J'y mourrai peut-être, disait-elle, mais je ne la quitterai pas. Ils partirent. Hélas ! les tristes prévisions de la pauvre femme s'accomplirent : la crainte qu'elle ne put réprimer, les douloureux souvenirs qui l'assaillirent souvent, aggravèrent beaucoup l'indisposition presque inséparable d'un premier voyage sur mer ; ils excitèrent en elle un dérangement si grave que la terre apporta peu d'amélioration à son état; et, après moins d'un mois de séjour, elle succomba à ses maux en bénissant sa petite-fille et la recommandant à son bienfaiteur, et surtout à la Providence qui l'avait déjà si miraculeusement secourue.

Cependant, après deux années de séjour à New-York, M. Readley, âgé seulement de cinquante ans, et excité par ses amis et par une circonstance favorable, résolut de faire un nouveau voyage ; mais en abandonnant sa patrie, peut-être pour plusieurs années, il ne put se décider à se séparer de Jenny, qui, arrivée à l'âge de huit ans, se montrait déjà sa douce compagne ; elle faisait régner l'ordre et l'obéissance dans la maison de son ami ; chérie de tous les serviteurs, c'est à qui devinerait le mieux ses désirs dans son regard, parce que ce regard n'était point une volonté impérieuse exprimée avec rudesse, c'était une prière, la demande d'un ami à un ami, et cette demande si doucement exprimée était toujours juste et toujours pour le service d'un autre. Comment consentir à remettre en des mains étrangères le soin d'un pareil enfant? M. Readley ne le pouvait pas, il ne le voulut pas, et se détermina à emmener Jenny avec sa bonne gouvernante; il en était le maître. Commandant en chef le bâtiment dont il était seul propriétaire et qu'il avait armé et équipé à ses frais, il était assuré d'avance des égards que tout l'équipage aurait pour son enfant, et il comptait bien aussi sur l'aimable caractère de la petite pour donner à ces égards une autre source que la soumission.

En apprenant la détermination de son bon ami, Jenny ne put contenir sa joie; elle lui sauta au cou pour le remercier ; car, depuis qu'elle entendait parler du prochain départ, son cœur se serrait; elle avait tant peur de ne plus revoir son protecteur ! Aussi je vous réponds que ses préparatifs furent rapidement faits, quelque longue que dût être l'absence. Cependant, au moment de l'embarquement. M. Readley trouva que ces dames avaient largement usé du droit d'emporter le nécessaire, car les malles et les paquets ne finissaient pas. — Eh ! ma chère Jenny, s'écria-t-il, tu comptes donc faire le commerce, ou tu crois que nous donnerons des fêtes aux peuples divers que nous allons visiter, et tu as fait provision de toilette. — Non, bon ami, reprit la petite en rougissant, je n'ai pas pensé cela ; mais... vois-tu... dit-elle en hésitant, on ne sait pas ce qui peut arriver... Tu sais comme souvent les malheurs frappent les marins, .

— Eh bien ! dit en riant le bon ami, est-ce que tous ces paquets sont des médicaments ? tu veux te faire l'apothicaire du bâtiment ?

— Non, je sais bien que tu as pourvu à tout cela...

— Allons, allons, je vois que tu n'oses pas me dire positivement ce que tu as voulu faire. Je te laisse ton secret, persuadé qu'une bonne intention a pu seule te guider; mais tu paieras passage double pour la charge.

En effet, elle n'avait eu qu'une bonne intention, car ce lourd bagage était destiné aux matelots qu'elle jugeait ne devoir pas en être assez bien fournis. Ces effets n'étaient pas tous confectionnés à la vérité, mais elle et sa gouvernante pourraient-elles avoir une occupa-

tion plus agréable et plus utile que celle qui aurait en
vue le bien-être de leurs braves compagnons? Ce que
Jenny n'avait pas osé dire par modestie, mademoiselle
Bringmoth, sa gouvernante, ne le cacha pas, car l'idée
pouvait honorer son élève, et elle lui était aussi chère
qu'à M. Readley lui-même. Comment ne l'aurait-elle
pas été à tous ceux qui l'environnaient! La modestie,
la bonté, la douceur, ne sont-elles pas l'aimant attrac-
teur de l'affection de nos semblables? Aussi, à peine
depuis un mois avait-on perdu de vue les côtes de New-
York, que Jenny aurait pu se dire avec orgueil la reine
de tous ces braves réunis sur le bord; mais, préve-
nante pour tous, elle était aussi gracieuse, aussi bonne
avec le dernier matelot, avec le plus jeune mousse, qu'a-
vec le premier officier; si elle pouvait procurer une
douceur, elle le faisait toujours avec empressement, et
on ne la vit pas une seule fois refuser, près de son ami,
le rôle d'intermédiaire quand il s'agissait de servir.
Après deux années de traversées, une maladie épidémi-
que apportée par la chaleur, la fatigue et les privations
vint saisir l'équipage, et des vertus plus graves et plus
éminentes se révélèrent en elle,

Jenny avait dix ans; dans le premier moment, effrayé par la rapidité du mal, M. Readley voulait la tenir à l'écart, mais il ne put résister longtemps aux
prières et aux larmes de l'orpheline qui le conjurait de
la laisser participer en quelque chose au soulagement
de tous ces braves marins; bientôt, subjugué même
par le dévouement et l'enthousiasme de l'enfant, il commença à ne plus craindre pour elle : il la regardait en
quelque sorte comme un envoyé de la Providence pour
adoucir les maux ; car, toute jeune qu'elle fût, en cal-

mant les souffrances du corps, elle versait encore des
consolations dans l'âme ; et ces hommes, si peu occu·
pés jusqu'alors de la vie éternelle, ainsi réveillés par les
douces paroles et l'exemple de l'enfant que par les
saintes exhortations du prêtre, mirent désormais toutes
leurs espérances dans la miséricorde divine : mais com·
bien ne fallut-il pas que cette divine miséricorde se ma·
nifestât pour doubler encore le courage de Jenny, lors·
que M. Readley lui-même se vit atteint de la maladie
générale ; combien ne lui fallut-il pas, à la chère pe·
tite, de résolution et de foi religieuse pour supporter
sans en mourir l'anxiété déchirante qui la dévorait e'
l'extrême fatigue que renouvelait chaque jour.

Les projets de M. Readley étaient accomplis : enri-
chi par le commerce, il l'était encore d'une moisson
de connaissances nouvelles, et sans autre malheur il
regagna sa patrie, déterminé à s'y fixer enfin pour toujours. A peine arrivé à New-York, il dit un dernier
adieu à ses compagnons et ne s'occupa plus qu'à arran·
ger sa vie de citadin. Pendant quelque temps, quelques
années même, ces occupations l'enchantèrent ; il avait
acheté une belle propriété près de New-York, où il se
livrait à l'agriculture avec l'ardeur qu'il mettait à toutes
ses entreprises. Peu à peu cependant cette vie régulière
et uniforme commença à le fatiguer. Certainement il y
avait du mouvement, de l'activité tous les jours mais
tous les jours c'était la même chose, c'était pour le
même résultat ; tous les jours aussi le même point de
vue s'offrait à ses regards ; et puis quel calme ! Là, pas
de ces anxiétés qui vous tiennent en haleine, de ces
périls immenses où l'on a besoin de toutes les ressources de son imagination ; et, dernier fils d'une famille

parvenue à la fortune par le commerce, dès ses plus
jeunes ans il avait senti cette fièvre d'activité qui porte
aux entreprises ; dès son enfance il avait manifesté un
goût insurmontable pour les excursions lointaines;
aussi s'ennuya-t-il d'une existence si contraire à son
caractère, à son tempérament et à ses habitudes. D'a-
bord pour se distraire il fit faire, défaire, changer chaque matin ce qu'il avait commandé la veille ; mais
tout cela n'était pas assez, tout cela ne suffisait pas, et
après mille et un essais pour réveiller son âme, il devint triste, morose, son humeur s'altéra.

Cet homme, autrefois si actif, devint sédentaire, sa
santé s'affaiblit et son caractère en reçut une nouvelle
atteinte ; la moindre contrariété l'irrite et le fâche ; il
se passionne où se dégoûte sans motif de tout ce qui
l'environne. Irascible, quinteux, on croirait que toute
son énergie s'est réservée pour la colère ; car dans ces
moments, qui de jour en jour deviennent plus fré-
quents, c'est un lion furieux qui a brisé sa chaîne ; près
lui enfin la vie devint une étude pénible que Jenny
·seule parvint à apprendre pour lui plaire, que seule elle
trouva moyen d'adoucir aux autres, palliant à leurs
yeux les expressions et les emportements de son ami,
emportement dont elle-même était souvent victime,
quoiqu'elle en renfermât la douleur sans se plaindre,
trop convaincue, hélas! qu'une si triste transformation
morale ne pouvait être que l'effet apparent d'un mal
que l'on ignorait.

Aussi, mue par cette conviction pénible, il n'était
sorte de prévenances et de soins dont elle ne cherchât
à l'environner. Sous un prétexte, sous un autre, elle
éloignait de sa vue tout ce qui pouvait lui déplaire. Mal-

gré toutes ces attentions, une épreuve bien rude atten
dait la pauvre Jenny. Depuis près de cinq ans environ
ils étaient de retour en Amérique, et déjà plus de deux
années s'étaient écoulées dans cette vie pénible et dure
que le vieux capitaine faisait subir à toute sa maison ;
jusqu'alors, malgré son humeur toujours croissante,
M. Readley avant toujours témoigné une sorte d'affection à mademoiselle Bringmoth, qui depuis plus de dix
ans consacrait sa vie et ses soins à son élève, lorsqu'un
soir, étant tous trois réunis, au moment où l'on parlait
de diverses entreprises du commerce et de la science
pour explorer les plus lointains climats, la pauvre demoiselle, sans songer à l'importance de ses paroles, rap-
pela les malheurs de leur dernier voyage, et finit par
dire qu'elle plaignait vivement ceux qui entreprenaient
de semblables corvées, que de tels risques n'étaient
bons à courir que pour les hommes en quelque sorte
nés marins, ou par les enthousiastes de la science. —
Vous avez raison, reprit avec sécheresse M. Readley ;
pour les paresseux, les sots et les sottes, tout ce qui
présente l'aspect de grandeur et de courage est une
niaiserie, tout ce qui intéresse l'humanité est une sot-
tise : il n'y a de bon et de bien que le pot au feu et les
contes à ma grand'mère. Au surplus, je ne sais pas
pourquoi nous passons notre temps à des billevesées ; il
serait bien mieux employé à dormir, ça repose l'esprit
et engraisse le corps ; d'ailleurs il est tard, et je vous
souhaite le bonsour.

Mademoiselle Bringmoth, confuse d'une sortie à laquelle elle était si éloignée de s'attendre, leva le siége
sans répliquer, espérant que le lendemain une nouvelle
idée rétablirait la bonne intelligence. Mais elle se

trompait : le vieux marin s'était trouvé personnelle-
ment offensé dans ses goûts et dans son passé par les
réflexions de la pauvre fille, et, de ce jour, celle que
jusque-là il avait honorée, à laquelle il avait, certes
des obligations, devint un des objets de son inimitié, et
après quelques jours de contrainte, il finit même par
dire à Jenny :

— Ah çà ! ma chère, tu as seize ans, maintenant, je
crois que tu es assez grande pour te conduire seule ;
d'ailleurs n'est-ce pas déjà toi qui diriges toute la maison ? A quoi nous sert maintenant cette vieille fille ?
Si nous sentions encore la nécessité que tu aies une
femme près de toi, ne vaudrait-il pas mieux que nous
prissions une femme du monde qui t'en enseignât le
ton et les manières, plutôt que cette mademoiselle
Bringmoth, très respectable fille sans doute, mais qui
n'a aucun usage et n'est bonne qu'à prier Dieu et comp-
ter le linge? Ainsi bien décidément, mon enfant, prie-
la de retourner promptement dans sa famille, assure
honorablement son sort, c'est ton devoir comme le
mien. Mais que je ne l'aie plus sous les yeux, et que je
n'aie plus les oreilles froissées par ses idées mesquines
et rétrices !

Les ordres de M. Readley devaient cependant être
exécutés, ou du moins il fallait qu'il pût le croire, car
certainement Jenny ne porterait pas à sa bonne gouvernante une semblable décision. Il faudra donc tromper à la fois le capitaine et mademoiselle Bringmoth ;
l'embarras était extrême. La pauvre jeune fille demanda
à Dieu de l'inspirer dans cette circonstance difficile. —
Oh ! non, s'écria-t-elle, mon Dieu, vous ne me con-
traindrez pas à être à la fois ingrate et malheureuse

en perdant celle qui m'a prodigué ses tendres soins ; vous suggérerez à mon cœur le moyen de leur épargner à tous deux une douleur, parce que bien sûr, un jour il regretterait ce caprice du moment ; son cœur est si bon !

Espérant enfin trouver ce moyen si désiré, lendemain Jenny se contenta de dire à mademoiselle Bringmoth que M. Readley était indisposé, et comme celle-ci courait pour lui donner ses soins : — Non, ma bonne amie, lui dit-elle en riant, gardez-vous bien de le déranger ; il parait n'avoir pas reposé cette nuit, et il a expressément défendu que personne entrât chez lui, hors moi peut-être, dit-elle, en hésitant et en souriant, car ainsi que vous, mon amie, il est si bon pour l'orpheline !

Mademoiselle Bringmoth, convaincue de la vérité de ce que lui disait Jenny, n'insista pas. Le jour suivant, un nouveau prétexte éloigna encore la gouvernante ; mais on ne pouvait pas continuer ainsi, et enfin Jenny, sans doute aidée de la Providence, imagina le moyen sauveur.

Gâtée comme un enfant chéri. Jenny était libre de faire chez son ami tous les changements qui pouvaient lui plaire ; elle profita de cette heureuse liberté ; déjà elle avait entendu M. Readley parler légèrement, à la vérité, de quelques dispositions nouvelles qu'il désirait faire exécuter dans sa propriété hors ville : la jeune fille saisit ce projet, et allant trouver mademoiselle Bringmoth : « Ma bonne amie, lui dit-elle, notre cher capitaine a conçu un nouveau dessein pour la terre ; il veut qu'il soit exécuté de suite ; mais, ne pouvant pas y aller encore lui-même, il ne voudrait cependant pas confier ces travaux à la sagacité des ouvriers ; il m'a

chargée de vous demander si vous seriez assez bonne
pour les surveiller et les diriger; vous savez quelle
confiance il a en vous, et il aurait de la peine à s'en
rapporter à d'autres.

Jenny avait choisi pour parler à sa gouvernante un
jour où M. Readley devait être absent presque toute la
journée, afin que la bonne et simple fille ne vînt pas
chercher ses instructions près de lui; en sorte que,
ravie des intentions du capitaine, flattée de la confiance qu'il lui accordait, elle partit le jour même, en-
chantée de sa mission.

Depuis plus de deux mois mademoiselle Bringmoth
était partie; les travaux de la campagne touchaient à
leur terme; l'inquiétude de Jenny croissait à chaque
instant, car l'époque du départ pour la terre arrivait à
grands pas, et le nom de la bonne gouvernante n'avait
pas encore été prononcé par le vieux marin, lorsqu'il
reçut un soir, comme cela lui était déjà souvent arrivé,
une lettre de son ancien ami, du capitaine Lorin. Chaque fois que ces missives arrivaient, M. Readley était
plus aimable durant quelques jours; mais, à la réception de celle-ci, sa joie fut plus vive, car il allait, après
tant d'années de séparation, revoir et embrasser son
ami; dans l'ivresse de son cœur il voulut mettre toute
sa maison sens dessus-dessous afin de recevoir digne-
ment celui qui lui avait sauvé la vie. Aidé de Jenny,
aussi émue et aussi joyeuse que lui, il appela tous ses
gens, courut de la cave au grenier, et fit tout disposer
à sa fantaisie. Malheureusement la lettre était venue le
trouver au sortir de table, au coin d'un bon feu, et il
exécuta toutes ces mesures bouleversantes exposé à une
pluie froide qui pénétrait. Dans le premier moment,

l'animation lui cacha le danger, mais le lendemain, dès la pointe du jour, le valet de chambre fut éveillé par un violent coup de sonnette. Il se lève à la hâte, court chez son maître, et le trouve étendu sur un fauteuil, ne donnant plus signe de vie. Saisi du plus violent effroi, cet homme eût la prudence de ne pas faire avertir Jenny, et envoya chercher un médecin pendant qu'il essayait à rappeler le sens du malade. Heureusement le docteur ne se fit pas attendre; il pratiqua une saignée, et le capitaine ouvrait les yeux à l'instant où Jenny, doucement prévenue par les gens de la maison, accourait lui prodiguer ses soins.

La première journée se passa mieux qu'on n'osait l'espérer; le malade manifesta à tout le monde sa tendre reconnaissance des soins qu'on lui prodiguait, et comme il lui était défendu de parler, ses yeux incessamment fixés sur sa fille, exprimaient à la fois son amour, sa crainte et ses regrets. Le lendemain il se trouvait mieux encore, et croyant pouvoir enfreindre les ordres du docteur, il demanda à Jenny pourquoi elle restait seule, et où était mademoiselle Bringmoth. La jeune fille, étonnée, regarda un moment son ami, et comprenant que la maladie avait troublé sa mémoire, elle évita de lui rappeler une injustice oubliée, et lui apprit la complaisance de mademoiselle Bringmoth, qui, pensant lui être agréable, depuis deux mois à la campagne dirigeait les ouvriers. Jenny s'empressa d'écrire à sa gouvernante pour la rappeler; de sorte que le vieux marin la revit sans se douter qu'un instant de mésintelligence avait existé entre eux.

Mais, hélas! ce mieux sur lequel on comptait ne se réalisa pas. Une paralysie de corps et d'esprit se déclara

5

peu à peu. M. Lorin, en arrivant, ne trouva plus que l'ombre de son ami. Quant à la petite fille de la mère Hubert, elle lui parut bien supérieure à tout ce qu'il aurait pu imaginer ; son dévouement sans bornes pour son bienfaiteur n'eut rien pourtant qui l'étonnât ; il connaissait depuis longtemps son cœur.

Deux années s'écoulèrent dans cette triste situation pendant lesquelles Jenny fut constament l'exemple des vertus privées les plus touchantes. Résignée dans sa douleur, elle conserva toujours un respectueux souvenir de celui qui l'avait si généreusement recueillie Voulant faire bénir le nom du bienfaiteur de son enfance, Jenny employa une partie de de la fortune qu'il lui laissât à fonder un établissement pour les vieux marins, et consacra sa vie à des actes de bienfaisance non moins estimables.

LES DEUX CHAUMIÈRES.

Sur le gazon qui formait la lisière d'une vaste forêt
(celle d'Orléans), s'élevaient deux petites chaumières
appuyées l'une contre l'autre, comme si elles eussent
eu besoin de se soutenir mutuellement. Le passant qui
par hasard jetait les yeux sur ces humbles demeures,
ne doutait point que leurs propriétaires n'en eussent
agi ainsi par prévoyance tant les vieux murs paraissaient peu solides, tant les toits étaient couverts de
mousse. Chacune de ces maisons contenait une seule
chambre, ne renfermant que les meubles les plus indispensables et les plus grossièrement fabriqués, avec
cette différence que, dans la maison dont la porte d'entrée était ombragée par un cerisier, on voyait, outre un
grand lit, deux couchettes d'enfants, et que dans l'autre il ne s'en trouvait qu'une ; mais dans celle-ci étaient

trois rayons de planches de sapin chargées de livres, et, dans un coin, un coffre de bois noir de plus que dans la première.

La chaumière du *Cerisier* était habitée par *Jacques Durand, Françoise*, sa femme, *Pierre* et *Thérèse*, leurs enfants : ces deux derniers étaient âgés, le premier de huit ans, la seconde de sept. Cette famille vivait en cultivant quelques arpents de vigne et un beau verger qui entouraient les chaumières, et dont on vendait une partie des fruits.

Une grande femme maigre et pâle habitait l'autre maison ; elle portait toujours la tête haute et le corps droit, quoiqu'elle parût souffrir habituellement et fût si faible qu'elle ne pouvait se promener au-delà de l'ombre que répandaient les branches du cerisier de ses voisins. Aussi Durand lui avait-il fait, avec des débris de charpente, un banc sous cet arbre, et elle y passait une grande partie des beaux jours à lire et à tricoter. On l'appelait madame *Marie ;* l'enfant qui vivait avec elle, *Sigismond*, âgé de neuf ans, la nommait sa *grand'mère* quand il lui parlait devant ses voisins ; car dès que les deux familles n'étaient point réunies, madame Marie et Sigismond s'entretenaient dans une langue étrangère, qui n'avait aucun rapport avec la langue française, et qui, depuis longtemps, n'excitait plus l'étonnement des vignerons ; les gens laborieux et occupés ne sont jamais tourmentés par la curiosité, qui donne tant d'inquiétude et fait faire tant de mauvaises actions aux personnes oisives.

Aucun de ces trois enfants ne se rappelait à quelle époque leurs familles s'étaient ainsi rapprochées ; mais tous les habitants de ce canton savaient que Durand était le propriétaire des deux maisons ; qu'il en avait loué une à madame Marie, espèce de *dame*, qui venait de Paris, recommandée au maire de la commune et au curé ; mais ces habitations se trouvaient si écartées des autres, les infirmités de madame Marie lui permettaient si peu de s'en éloigner, que, ne la voyant jamais les paysans l'avaient oubliée. Le maire passait l'hiver à Paris et l'été à s'amuser dans son château avec des amis qui chassaient le matin et dansaient le soir ; il n'y avait que le curé qui venait, quelque temps qu'il fît, voir madame Marie une fois par semaine. Ils causaient ensemble une heure ou deux ; et, quand ils se quittaient, madame Marie avait souvent les yeux rouges comme si elle eût pleuré, mais se tenait encore plus droite que de coutume ; si bien que, malgré sa cornette de grosse mousseline, sa camisole et sa jupe de cotonnade bleue, tout son costume semblable à celui de Françoise, on ne les prenait jamais l'une pour l'autre. Il en était de même des deux petits garçons : Sigismond était grand, svelte, adroit, et courait plus vite que Pierre ; il montait plus agilement aux arbres ; mais Pierre, petit et robuste, portait des fardeaux que Sigismond n'aurait pu soulever. Aussi, comme ils s'aimaient et s'entendaient, il n'était pas d'ouvrage dont ils ne vinssent à bout ensemble.

Un jour du printemps, un dimanche, Durand et sa femme étaient allés à vêpres ; l'église de la paroisse se trouvant à trois quarts de lieue, madame Marie paraissant plus triste et plus malade encore, ils avaient laissé leurs enfants auprès d'elle afin de la soigner et de la distraire. Madame Marie lisait sur le banc ; la petite Thérèse, assise à ses pieds sur l'herbe, nouait avec du

gros fil de jolies plantes, dont les tiges étaient souples
et les fleurs d'un jaune pâle ; Pierre et Sigismond allaient les cueillr dans la forêt, Thérèse en faisait des
pelotes avec lesquelles ils jouaient ensuite tous trois,
sans disputer, sans crier, comme jouent de bons et aima-
bles enfants.

Tout-à-coup madame Marie lut à haute voix dans son
livre ces paroles : *Il a déployé la force de son bras ;
il a dissipé ceux qui s'élevaient d'orgueil dans les pensées de leur cœur*... Puis elle leva les yeux vers le ciel.
Les enfants la regardaient. Sigismond rompit le premier le silence, « Est-ce pour moi, ma grand'mère, que
vous avez lu tout haut ! — Non, mon fils. — Ce n'est
pas pour moi non plus, dit Pierre, car je n'y entends
pas grand'chose.

SIGISMOND: — Ah ! bien souvent ma grand'mère me
lit des choses que je ne comprends point ; puis elle me
les explique, et ce sont des leçons... Eh bien ! grand'-
mère ?

MADAME MARIE. — Cette fois-ci la leçon est pour moi.

Tous les enfants éclatèrent de rire. Est-ce que les
mères et les grand'mères ont besoin de leçons ? dit Thérèse ; elles sont si sages !

MADAME MARIE. — Tu te trompes, Thérèse. Tout le
monde a besoin d'enseignement. Les enfants en reçoi-
vent de leurs parents...

SIGISMOND. — Et les parents, de qui en reçoivent-ils ?

MADAME MARIE. — De Dieu, qui leur envoie les mal-
heürs pour les punir quand ils ont fait des fautes.

SIGISMOND, — Vous n'avez jamais fait de fautes, ma
grand'mère.

PIERRE ET THÉRÈSE. — Ni mon père, ni ma mère non
plus.

Sigismond. — Aussi nous sommes tous heureux...

Madame Marie. — J'espère que vous le serez, mon fils !

Sigismond. — Mais je suis heureux comme un roi...

Madame Marie. — Taisez-vous... Savez-vous ce que c'est qu'un roi ?

Pierre. — C'est un homme qui ne fait rien, comme M. le maire, qui ne laboure pas la vigne, qui ne va pas au bois, qui ne fait rien enfin.

Sigismond. — C'est un homme qui est habillé tous les jours en militaire, comme le grand cousin du père Durand, qui a un grand sabre, qui commande toujours.

Thérèse. — Non pas : c'est un homme qui a bien de l'argent, qui donne du bouillon et du vin aux pauvres quand ils sont malades, et qui habille l'hiver les petites filles et les vieilles femmes, comme fait M. le curé.

Madame Marie. — Viens que je t'embrasse, Thérèse. Ton frère a parlé comme un paresseux, mon fils comme un orgueilleux, et toi comme une excellente petite fille.

Pierre. — Pourtant, madame Marie, je travaille toute la journée.

Madame Marie. — Oui, mais tu n'aimes pas le travail.

Pierre. — C'est si lourd à remuer une pioche ! J'aimerais mieux faire autre chose ; par exemple, lire et écrire comme Sigismond...Cependant je m'ennuie quand je suis trop longtemps dans une chambre.

Madame Marie. — Sigismond travaille tous les jours un peu à la terre avec toi... Viens lire avec lui.

Pierre. — Voulez-vous me l'apprendre ?

Madame Marie. — De tout mon cœur.

Thérèse. — Et à moi ?

MADAME MARIE. — Aussi,

THÉRÈSE. — Ah ! que vous êtes bonne ! Ma mère se désolait tant, parce que l'école est trop loin...

MADAME MARIE. — Pourquoi ne m'a-t-elle pas priée de vous apprendre à lire ?

THÉRÈSE. — Elle dit que vous avez un air... qu'elle n'ose pas, quoi !...

PIERRE. — Mon père dit la même chose, et qu'il ne comprends pas comme nous sommes hardis avec vous... Mais, c'est dit, n'est-ce pas, vous m'apprendrez à lire et à écrire ?

MADAME MARIE. — Je n'ai jamais promis sans tenir ma parole. Cependant, Pierre, il n'y a pas d'état aussi heureux que le tien.

PIERRE. — D'être vigneron ?... Pas toujours. Et la gelée, la grêle... Vous dites souvent qu'il faut bénir le bon Dieu de toutes choses ; mais voyez ces *coucous* que nous avons été chercher dans la forêt... qu'il neige, qu'il vente, ils fleurissent toujours. Tandis que la vigne... il y a toujours des raisons pour que le vin manque.

MADAME MARIE — Tu me donnes une idée !... Il faut ramasser beaucoup de ces fleurs.

PIERRE. — Des coucous ?

MADAME MARIE. — Leur véritable nom est *primevères*.

PIERRE. — Mais qu'est-ce que nous en ferons de ces primevères ?

MADAME MARIE. — Vous les vendrez.

PIERRE. — Bon Dieu ! Madame, qui est-ce qui achètera cela ?

MADAME MARIE. — Beaucoup de marchands d'Orléans ou de quelque ville que ce soit. Ces marchands s'appellent des *herboristes*.

PIERRE. — Et ils font des pelotes, comme Thérèse, les vendent pour amuser les enfants des villes?

MADAME MARIE. — Pas du tout. Ils vendent les prime vères pour faire des tisanes qui guérissent plusieu maladies, et des cataplasmes qui soulagent plusieu douleurs.

SIGISMOND. — Mais c'est très bon à savoir cela. Nous recueillerons toutes les primevères de la forêt, Pierre.

THÉRÈSE. — Et je vous aiderai.

MADAME MARIE. — Les petites filles ne doivent pas a ler dans les bois, cela est l'affaire des garçons. Il y a des loups, des couleuvres...

SIGISMOND. — Je n'ai peur ni des loups, ni des couleuvres...

MADAME MARIE. — Courageux enfant!...

PIERRE. — Moi, j'en ai un peu peur... mais c'est égal Nous serons tous deux, Sigismond.

MADAME MARIE. — Toi, Thérèse, tu nettoieras bie les primevères des feuilles sèches, des brins d'herbe tu en feras des paquets que tu suspendras pour qu'i sèchent; puis ta mère ira les vendre à Orléans

PIERRE. — Et nous aurons de l'argent?

MADAME MARIE. — La forêt, les champs, nos vigne sont remplis de *simples*.

THÉRÈSE. — De simples?

MADAME MARIE. — Oui, toutes les herbes, toutes les n antes dont les médecins se servent se nomment des *si mples*. On en emploie ussi dans les maladies des ani maux.

SIGISMOND. — Mais il faut les connaître, ces herbes?

MADAME MARIE. — Je vous les ferai toutes connaître

SIGISMOND. — Est-ce que vous avez été herboriste, grand'mère ?... Pourquoi riez-vous ?

PIERRE. — Pardi ! c'est sûr... Ma mère dit toujours que vous êtes quelque chose de mieux que vous ne paraissez... Vous avez été herboriste, madame Marie ?

SIGISMOND. — Eh bien ! grand'mère, qu'étiez-vous étant petite ?

MADAME MARIE. — Peu vous importe... Je n'aime point les questions, mon fils... Je suis votre grand'mère à vous .. A toi, Pierre, à toi, Thérèse, je suis votre voisine.

THÉRÈSE. — Mais... vous nous aimez beaucoup ?

MADAME MARIE. — Bien tendrement, ma chère petite. Vos parents sont de si honnêtes gens ! si bons !

PIERRE. — Ils sont bons comme vous... mais ils n'en savent pas tant, c'est vrai.

MADAME MARIE. — Apprends donc, toi qui es jeune, d'abord à lire et à écrire.

PIERRE. — Puis à connaître les herbes.

MADAME MARIE. — Voyez ! voilà une touffe de *mauves*, voilà de la *fumeterre*... Là-bas, sous ce chêne, je vois de la *germandre*, des *pervenches*, du *lierre terrestre*... Toutes ces plantes sont utiles... Le dimanche vous en ramasserez en jouant.

PIERRE. — Et en travaillant à la vigne, je mettrai de côté des tas de fumeterre...

THÉRÈSE. — Et en sarclant les choux, j'en ferai autant.

SIGISMOND. — Et j'irai au plus loin dans la forêt chercher les plantes qui ne poussent pas autour de la maison. »

On décida que deux fois par semaine on ferait sous

la direction de madame Marie, de longues courses dans
la forêt; et, comme la pauvre dame ne pesait guère,
tant elle était maigre, elle voulut que Thérèse fût mise
en croupe derrière elle, et vint avec son frère et Sigismond à la découverte des plantes. Le père et la mère
Durand, qui trouvaient que leurs deux enfants ga-
gnaient plus d'argent à recueillir des simples qu'à travailler à la vigne et au jardin, furent très contents de
cet arrangement : ils étaient d'ailleurs si reconnaissants
de tout ce que madame Marie avait enseigné à Pierre et
à Thérèse, ils avaient tant de confiance en elle, qu'ils
faisaient tout ce qu'elle désirait.

Pendant ces excursions, madame Marie racontait des
histoires aux enfants, et les entretenait de choses instructives et amusantes à la fois. Vous avez bien du plaisir, leur disait-elle, quand vous rencontrez une plante
que vous ne connaissez point? Jugez donc de la joie de
ceux qui entreprennent des milliers de lieues, qui s'exposent sur la mer à faire naufrage, qui s'exposent dans
des plaines toutes de sable à mourir de chaud et de
soif, à mourir de froid et de faim dans d'autres déserts
où la neige ne fond jamais, à être dévorés par des animaux féroces dans des forêts où il n'y a pas une seule
route... et tout cela pour trouver des plantes nouvelles!
Il y a des hommes qui entreprennent les voyages les
plus lointains et les plus périlleux, uniquement pour
cela.

Sigismond. — Je le conçois bien : il y a tant de plaisir à braver le danger et à trouver une plante incon-
nue!

Pierre. — J'aime bien à chercher des plantes, mais
je n'aime pas les dangers.

Sigismond. — Pense donc comme c'est amusant ! On écrit tout ce qu'on voit, tout ce qu'on a fait... comment on a tué les bêtes féroces. Je voudrais être grand pour aller dans tous ces pays-là.

Pierre. — J'irai avec toi, mais pour trouver des simples nouveaux, et non pas pour rencontrer des bêtes féroces.

Thérèse. — Et moi je resterai avec madame Marie car *Grisard* ne pourrait jamais aller si loin.

Madame Marie embrassa Thérèse en soupirant un peu, et lui répondit : « J'ai toujours désiré une petite fille, afin de ne m'en séparer jamais.

Sigismond. — Je n'aurais pas non plus pensé à voyager s'il avait fallu vous laisser toute seule, ma grand'-mère.

Pierre. — Qu'est-ce que c'est que cela ?

Madame Marie. — C'est une science qui vous apprend à reconnaître et à nommer des plantes que vous n'avez jamais vues.

Sigismond. — Comment pourrons-nous l'apprendre cette science-là.

Madame Marie. — Je vous l'apprendrai avec des livres... Mais il faut aussi savoir beaucoup de mots latins.

Sigismond et Pierre. — Voulez-vous nous enseigner votre latin ?

Madame Marie. — Dès que vous voudrez l'apprendre.

On commença dès le soir même à dépecer des plantes afin d'en étudier les différentes parties, qui ont toutes des noms particuliers, ce qui amusa beaucoup les enfants; puis on apprit par cœur ces noms en latin. A force d'entendre répéter ces noms à son frère et à Sigismond, Thérèse, qui avait une mémoire excellente les sut bientôt ; et rien ne divertissait Durand et sa femme comme d'entendre parler entre eux madam Marie, Sigismond, Pierre et Thérèse, dans un langage qu'ils ne comprenaient point.

Ce fut en s'occupant ainsi que Sigismond atteignit sa seizième année, et Pierre sa quinzième. Un jour que ces deux jeunes garçons parcouraient la forêt, ils virent venir vers eux un homme qui n'était point vêtu en paysan, mais dont les habits n'avaient rien de commun avec ceux des chasseurs qu'ils rencontraient souvent dans les bois. « Mes petits amis, leur dit l'étranger très poliment, je me suis égaré, et ne sais comment retrouver le chemin qui conduit à Orléans. Quand vous le retrouveriez, répondit Sigismond, vous ne seriez guère plus avancé pour ce soir : vous en êtes à six lieues, et le soleil est couché... Six lieues ! s'écria l'inconnu ; et j'ai une faim !... Qu'à cela ne tienne, monsieur, dit Sigismond, vous trouverez à manger chez ma grand'mère... Ou chez mon père, interrompit Pierre. Vous êtes bien bons, mes enfants. J'accepte... car je suis d'une lassitude !... Je bats la forêt depuis cinq heures du matin. Comment chassez-vous donc, sans fusil ? demanda Sigismond. Peut-être que monsieur est marchand de bois, dit Pierre. Non, repartit l'étranger, je suis botaniste. O ciel ! s'écrièrent les deux jeunes gens, bo-taniste !... Oui, reprit l'étranger qui crut que l'exclamation de Sigismond et de Pierre provenait de ce qu'ils ignoraient ce que ce mot signifiait : j'herborise, c'est-à-dire que je cherche des herbes dans la forêt. — Nous ne faisons pas autre chose. — Comment ? — Assurément ; nous ne travaillons que pour être botanistes un jour.

La connaissance fut bientôt faite. L'inconnu crut avoir rencontré les enfants de quelques gens riches, dont les parents avaient des maisons de campagne dans le voisinage, quand il entendit ceux-ci causer si bien et surtout nommer en latin toutes les plantes qu'ils trouvaient ; et rien n'égala sa surprise lorsque, devant les deux pauvres chaumières, ils l'engagèrent à se reposer.

L'étranger était également pressé par Sigismond et par Pierre ; mais le premier étant beaucoup plus grand que l'autre et paraissant plus âgé, ce fut son invitation qu'il accepta, et tous trois entrèrent dans la maison de madame Marie, qui se leva à la vue de l'étranger et s'avança vers lui. Mais à peine ces deux personnes se furent-elles regardées qu'il leur échappa un cri. Grand Dieu ! se peut-il ? dit l'étranger en se précipitant sur la main de madame Marie. — Silence, *Welsky*, répondit celle-ci ; pas un mot ! Cet homme, dont nous savons le nom maintenant, baisait en pleurant la main de la vieille dame, et répétait : Est-il possible !... Les deux jeunes gens demeuraient interdits, et Sigismond surtout manifestait par ses regards la plus grande curiosité ; mais il n'osait parler, car sa grand'mère lui avait fait perdre l'habitude de l'interroger.

Lorsque madame Marie, qui n'avait pu s'empêcher de trembler et de changer plusieurs fois de couleur, se fut remise, elle indiqua du doigt la porte, et dit aux jeunes gens : « Sortez ; vous rentrerez quand on vous rappellera. » Elle paraissait si grande alors, et son visage était si grave, que Sigismond et Pierre obéirent sans hasarder une parole. Ils allèrent rejoindre Durand, sa femme et sa fille ; et tous ensemble firent mille conjectures sur cette rencontre. Durand dit qu'il s'attendait à tout quand il s'agissait d'une *maitresse femme* telle que madame Marie, mais qu'il ne savait rien deviner ; sa femme en dit autant ; Pierre et Thérèse protestèrent qu'ils n'étaient point curieux ; mais Sigismond se plaignit amèrement d'avoir été renvoyé ; il alla plusieurs fois s'assurer qu'on ne l'appelait point, revint s'asseoir en murmurant, et finit par frapper du pied, ce qui le fit gronder par le père Durand , et lui causa tant de honte qu'il attendit avec patience la fin de l'entretien.

Après une heure, qui parut très longue à Sigismond, Welsky entra dans la maison de Durand, et, avant d'avoir salué personne, serra plusieurs fois le petit-fils de madame Marie dans ses bras, mais sans rien dire ; puis, sa conversation lui avait fait oublier sa faim, mais ne l'avait pas apaisée, il demanda à souper ; et comme c'était l'heure du repas de la famille, Thérèse alla chercher madame Marie, qui depuis son séjour chez Durand, avait fait un arrangement avec Françoise, de manière à ce que les repas se prissent en commun.

Le lendemain, quand il eut admiré l'arrangement du grenier où les enfants conservaient leurs simples, et qu'il eut encore causé avec madame Marie en tête à tête, il partit, conduit une partie du chemin par Pierre et Sigismond.

Quinze jours après la rencontre de M. Welsky, le curé apporta à madame Marie une lettre timbrée de Paris. C'était un événement, et pour la première fois une lettre arrivait dans ce coin ignoré du canton. Sans se permettre une question, tout le monde entoura madame Marie, comme si l'on eût attendu une nouvelle d'un intérêt général. En effet, les deux familles avaient part à l'affaire dont traitait cette lettre, que madame Marie lut à haute voix, en annonçant qu'elle avait été écrite par Welsky. Voici ce qu'elle contenait :

« MADAME,

» Hier j'ai été appelé par le ministre, et il m'a appris que le roi
» de France me chargeait de faire un voyage autour du monde,
» en ma qualité de botaniste. Je ne suis pas très jeune et je n'é-
» cris pas facilement le français : quand il faudra grimper sur
» des rochers ou descendre au fond des précipices pour chercher
» des plantes, je serai très embarrassé ; et quand il faudra que
» je les décrive, ainsi que les pays où je les aurai trouvées, je
» n'aurai pas moins de peine. J'ai donc demandé au ministre à
» emmener avec moi deux compagnons de voyage ; et si vous
» voulez me faire l'honneur de me confier M. votre petit-fils, et
» si les parents du Petit-Pierre consentent à s'en séparer, ils fe-
» ront avec moi ce voyage, qui sera superbe. Toutes les dépen-
» ses seront payées par le roi, et ils auront de plus douze cents
» francs par an. J'irai les chercher dans huit jours, si vous dai-
» gnez me faire connaître votre volonté.

» Agréez l'hommage du profond respect avec lequel je suis,
» Madame,

> Votre très humble, très obéissant
> et très reconnaissant serviteur.

> Casimir WELSKY. »

Paris 20 juin.

« Eh bien ? dit madame Marie en regardant le père Durand.

DURAND. — Comment ! on donnera à Pierre douze cent francs, rien que pour ramasser des brins d'herbe, pour faire comme il fait ici ?

MADAME MARIE. — Vous le voyez... Cela ne dépend que de vous et de votre femme.

DURAND. — Il faut convenir, madame Marie, qu'il vous a une jolie obligation, Pierre... Douze cent francs !... puis nourri, logé... ça n'est pas possible.

FRANÇOISE. - Et les rochers ! les précipices !... Comment mon garçon se tirera-t-il de là ?

MADAME MARIE. — J'accepte pour mon petit-fils. Je connais la sagesse et la prudence de Welsky, il n'exposera pas... nos enfants.

SIGISMOND. — Je suis sûr que c'est vous, ma grand'mère, qui avez dit au botaniste de nous emmener.

MADAME MARIE. — J'ai pu le désirer... Mais vous voyez qu'il a fallu un ordre du ministre... Et vous, Sigismond, avez-vous envie de faire le tour du monde ?

SIGISMOND. — Ah ! s'il ne fallait pas vous quitter...

En disant ces mots, Sigismond regarda Thérèse qui pleurait... C'est à toi, Thérèse, que je recommande ma grand'mère, ajouta-t-il.

DURAND. — Pardi ? nous pourrons bien en prendre soin, tous tant que nous sommes. Elle a mis Pierre en état de gagner douze cents francs par année.

MADAME MARIE. — Vous n'avez pas attendu ce temps-ci, père Durand, pour me rendre tous les services qui ont dépendu de vous.

FRANÇOISE. — Si on voulait seulement leur donner la moitié de cet argent pour chercher des herbes dans le pays !... C'est ce voyage au loin qui ne me dit pas... Puis les rochers et les précipices !... ça doit être affreux... Nous n'avons rien de tout ça par ici... Qu'on leur en donne la moitié seulement ,. nous nous y mettrons tous. Ah ! que je leur ferais des fagots d'herbe, moi ?

MADAME MARIE. — C'est impossible ; il faut accepter ce que l'on vous propose, ou refuser net... Et toi, Pierre, tu n'as encore rien dit.

PIERRE. — C'est clair ! Je vais avec Sigismond, moi,

« — Excellent garçon ! dit madame Marie. Vous êtes heureux, mon fils, d'avoir un tel ami... Je vais donc répondre à Welsky qu'il vienne. — Et sans tarder, répondit le père Durand : on ne refuse pas une fortune. »

Dix ans se passèrent ainsi dans une grande paix, mais non dans la joie. On avait beau recevoir des lettres des voyageurs, les dates en étaient si anciennes que le plaisir qu'elles donnaient était mêlé de beaucoup d'amertume. Puis il est un âge où dix ans apportent de bien grands changements dans les personnes. Le jour où Welsky ramena les deux jeunes gens au bord de la forêt, leurs parents les trouvèrent bien grandis, bien embellis ; Sigismond et Pierre firent la même observation à l'égard de Thérèse ; mais le père et la mère Durand avaient le dos un peu voûté ; les cheveux de Welsky blanchissaient, et madame Marie, dont les jambes étaient percluses, ne quittait pas le lit depuis six mois. Cependant on était si heureux de se revoir que dans les premiers moments personne ne songea à se plaindre. Le soir même de l'arrivée, Welsky fit un long récit ; il rendit hommage à la parfaite conduite de ses deux compagnons, qui avaient constamment montré le même goût pour l'étude, la même soumission à ses avis et la même affection pour leurs parents. Le voyage écrit par Sigismond était si intéressant qu'on allait l'imprimer. De plus, les deux jeunes gens avaient acquis un talent : ils peignaient les fleurs d'après nature ; mais Pierre réussissait bien mieux que Sigismond dans cet art, et c'était lui qui avait peint toutes les plantes dont on devait publier les dessins avec le voyage écrit par Sigismond ; enfin les travaux des trois botanistes paraissaient si

importants et si utiles au ministre, qu'il les avait nom-
més à des places de trois mille francs chacune, où ils
n'avaient autre chose à faire qu'à surveiller de grand
jardins remplis de plantes rares, et à donner des leçons
de botanique aux jeunes gens qui voudraient apprendre
cette science.

Voilà qui est bien, répondit madame Marie. Etes-vous
content mon fils? — Très content, ma grand'mère ; se-
rait-il possible de désirer davantage?... — Demain,
reprit madame Marie, vous reviendrez tous dans ma
chambre. Je connais bien la famille Durand, mon fils...
Je ne veux pas de secret pour elle.

Le lendemain tout le monde s'assit autour du lit de
madame Marie, qui, après s'être fait donner un oreiller
de plus par Thérèse, dit en s'adressant à son petit
fils :

« Vous avez souvent désiré savoir ce qui m'était arrivé pendant ma jeunesse, et pendant longtemps j'ai
cru que je ne devais pas vous l'apprendre... Mais je me
sens très faible... je ne sais si je vivrai beaucoup encore... D'ailleurs vous me paraissez si raisonnable
maintenant, que je veux vous faire connaître la vérité ;
et je vous raconterai mon histoire de manière à la faire
comprendre à Durand et à Françoise, qui, moins ins-
truits que vous et leurs enfants, ont besoin d'un récit
plus simple. Je suis né dans un pays très éloigné de
la France, que l'on appelle la Pologne, où les gens puis-
sants et riches s'appellent des seigneurs, et choisissent
entre eux le roi qui doit gouverner. Mon père était un
prince... — Je l'ai toujours dit, interrompit Durand en
frappant de ses mains. Moi aussi, s'écria Françoise
aussi haut que son mari. C'était une mine de princesse

le premier jour qu'elle vint chez nous.., — Ne m'interrompez pas, reprit madame Marie. J'épousai fort jeune le prince Ladislas, qui, en mérite et en fortune, l'emportait sur tous les seigneurs de la Pologne. J'eus un fils qui fut votre père, Sigismond, et Welsky, qui l'a connu, vous dira qu'il n'y eut jamais un homme plus parfait de corps et d'esprit. » — Welsky baissa respectueusement la tête, car son émotion l'empêchait de parler. — Je perdis mon mari très jeune, continua madame Marie, et je me pressai de marier le prince Maurice, mon fils, à une demoiselle du voisinage qui était son égale en tout. Comme tous les seigneurs polonais allaient se réunir pour nommer un nouveau roi qui remplaçât celui qui venait de mourir. je voulus que mon fils fût ce roi... Alors commencèrent nos malheurs. Le prince Maurice se trouvait heureux, mais, pour me satisfaire, il consentit à disputer la couronne à d'autres seigneurs. Il aurait fallu, afin de réussir, garder un profond secret ; mais votre mère, Sigismond, la princesse Claudine, était curieuse et indiscrète ; elle voulut connaître notre projet et les moyens que nous devions employer ; et dès qu'elle sut ce que nous devions faire, elle l'apprit à plusieurs de ses amies, qui le répétèrent. Il n'était plus possible de devenir roi qu'en se battant avec les autres seigneurs : c'est ce que fit vaillamment votre père... Il périt dans une bataille... Votre mère, qui crut avoir contribué à sa mort par son imprudence, mourut peu de jours après lui de saisissement et de chagrin. Moi, accablée de douleur, je fus poursuivie par tous les seigneurs irrités de mon ambition, quoiqu'ils fussent aussi ambitieux que moi. Ils déclarèrent que si l'on me trouvait, on me trancherait la tête ;

et leur fureur était telle qu'on envoya des soldats pour vous tuer, quoique vous ne fussiez âgé que de quelques mois... Des gens obscurs, des paysans qui m'étaient attachés, nous cachèrent, nous sauvèrent. Je pris mille déguisements, et je parvins non-seulement à m'échapper avec vous, mais encore à emporter un trésor... Que Pierre vous aide à approcher de mon lit ce coffre de bois noir qui est dans le coin de ma chambre... En voici la clef, ouvrez-le... Otez ce linge, ces habits qui recouvrent ce qu'il contient... Oh! mon Dieu! voilà une couronne et un sceptre d'or massif, enrichis de pierres précieuses : ces *insignes* ont une valeur considérable. Je les avais fait préparer pour mon fils, quand je croyais qu'il serait roi. J'espérais voir cette couronne sur sa tête et ce sceptre dans sa main... Au lieu de cela, j'ai enveloppé son corps dans un mauvais drap... Je l'ai rendu à la terre... » Madame Marie s'arrêta un instant pour essuyer ses yeux, puis reprit avec courage : « J'arrivai à Paris sous le simple nom de *Marie*, qui est mon nom de baptême, et je le gardai, parce que mes ennemis de Pologne auraient chargé des gens de me tuer ou de me faire mettre en prison sous quelque prétexte ; et certainement ils m'auraient fait enlever mon cher petit-fils, devenu le seul objet qui me fût cher au monde... Je pensai à ce que je devais faire. En vendant cette couronne et ce sceptre, j'aurais pu avoir une bonne maison et quelques domestiques ; mais qu'eût-ce été en comparaison de ma situation en Pologne ? D'ailleurs, dans une ville, quelqu'un pouvait me connaître, surtout si j'avais vendu d'aussi magnifiques bijoux. Je pris une grande résolution : trouvant que par mon orgueil et mon ambition j'avais perdu mon fils, n'ayant que peu d'argent, puisque je ne pouvais pas vendre ces objets, je me décidai à vivre humblement et dans la pauvreté. Je vins ici, et ne me fis connaître qu'au curé et au maire. L'un me donna des consolations ; l'autre, qui ne songe qu'à ses plaisirs, ne s'est jamais occupé de moi. Maintenant, mon fils, je vous dois quelques avis. Vous pouvez, en vendant ce spectre et cette couronne, réunir une assez grosse somme d'argent pour aller en Pologne, où peut-être, à force de vous disputer et de vous battre, vous parviendrez à vous faire rendre les grands biens que votre famille a possédés, et que l'on a donnés à nos ennemis. Vous serez obligé de vous servir de toutes sortes de gens ; il vous faudra en employer de bons et de mauvais ; les uns vous voleront, les autres vous tromperont ; vous vivrez dans la défiance, dans le trouble, obligé de piller et de brûler les châteaux de nos ennemis, et craignant toujours qu'on ne vous reprenne les biens que vous aurez recouvrés. Peut-être aussi serez-vous tué le premier jour, ou fait prisonnier et enfermé pendant toute votre vie... Vous pouvez aussi continuer à vivre de vos talents, ainsi que vous avez toujours fait. Alors vous n'aurez pas besoin de nuire, de courir pour épouser quelque princesse qui vous donnerait l'appui de sa famille et de sa fortune, car, si vous voulez rester botaniste et écrivain, je vous conseille de n'épouser que Thérèse, qui est instruite, bonne et économe ; qui m'a soignée depuis dix ans que je suis faible et infirme, avec autant de tendresse que si j'étais sa mère... Votre bonheur est incertain si vous voulez remonter au rang de vos pères ; et quand vous y serez arrivé vous deviendrez comme moi si ambitieux que rien ne vous contentera... Mais vous serez heureux

et vous ne désirez que de bons parents, une bonne
épouse et les plaisirs que procure une vie laborieuse
et paisible.,. Allez, mon cher fils; allez méditer pendant quelques heures. » — Mon parti est pris répondit
vivement Sigismond. — Non, interrompit la vieille prin
cesse, j'exige que vous réfléchissiez avant de me répondre. — Viens avec moi dans la forêt, dit Pierre en
entraînant Sigismond. Thérèse s'était déjà retirée dans
la chaumière de son père, ne sachant ce qu'elle devait
demander à Dieu ; et Durand et sa femme lui répé-
taient : Ne vas pas te mettre en tête qu'il t'épousera.
Un prince! vraiment, oui ; à présent qu'il a vu tout
cet or et toutes ces pierres qui valent tant d'argent...
Qu'elle dise, qu'elle dise la voisine... Son garçon est
prince, et Pierre a bien tort de lui parler comme il
fait.

Durand et Françoise prêchèrent Thérèse, qui ne répondait point, jusqu'à ce que Welsky revint les chercher tous pour entendre la décision de Sigismond, qui
ne voulait s'expliquer que devant eux. Quand ils entrèrent, Sigismond, se tenant debout près du lit de
madame Marie, lui dit : « Ma grand'mère, ce que vous
me conseillez, ma raison me le conseille aussi ; ce que
vous désirez, je le désire de même. J'ai vu le monde
tout entier ; les rois, les seigneurs ne m'ont paru heureux nulle part. Je ne veux être ni roi ni seigneur, puisque j'ai toujours été heureux jusqu'à présent en vivant
autrement qu'eux. J'épouserai Thérèse, que je connais,
que j'aime depuis si longtemps, elle aura soin de vous.
Le père et la mère Durand viendront nous aider,
Welsky, Pierre et moi, à surveiller notre beau jardin
des plantes : et nous ferons rebâtir les deux chau-

mières, qui formeront une jolie maison de campagne. »

« Enfin, dit madame Marie, Dieu est content de ma pénitence ! Vous avez choisi une vie obscure et médiocre. Ah ! mon cher fils, si vous saviez combien les grandeurs entraînent de maux et d'ennuis ! si vous le saviez comme moi ! — J'en ai assez vu, ma grand'mère, je n'ai pas besoin de faire d'expérience à mes dépens. »

Tout le monde se réjouit de la résolution qu'avait prise Sigismond, et sa grand'mère en éprouva une si grande satisfaction que l'usage de ses jambes lui revint. Sigismond ne voulut jamais reprendre son nom de prince, afin que ses enfants n'eussent point d'ambition et ne dédaignassent pas le travail. Pierre, content de vivre avec ses parents, avec son ami, satisfait de voir prospérer le jardin qu'ils surveillaient ensemble, et d'en peindre les plantes, refusa de se marier, parce qu'il ne rencontra pas de femme aussi bien élevée que sa sœur Thérèse. Toutes ces personnes, que le savant Welsky ne quitta plus, donnèrent toujours l'exemple de toutes ces vertus du plus parfait bonheur que l'on puisse goûter sur la terre, parce qu'elles préféraient les bonnes actions aux actions d'éclat, et la simplicité à la magnificence.

FIN.

Limoges. — Imp. Eugène Ardant et Cie.

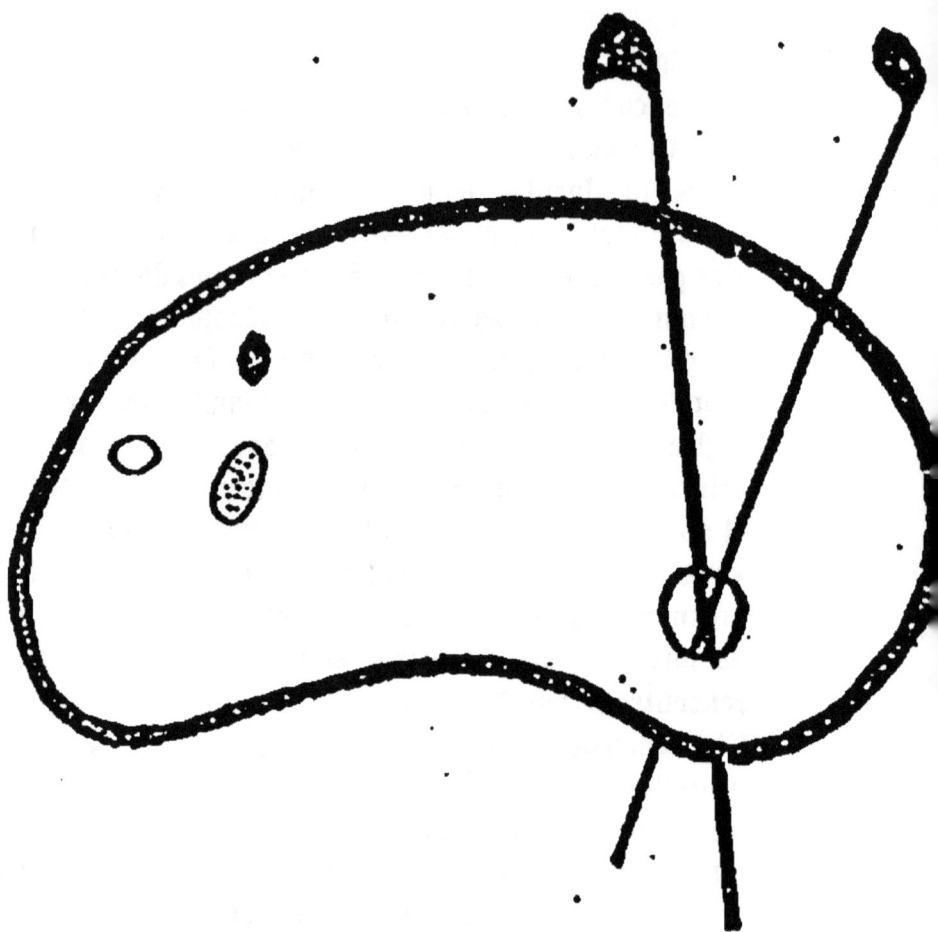

ORIGINAL EN COULEUR
NF Z 43-120-8

www.ingramcontent.com/pod-product-compliance
Lightning Source LLC
Chambersburg PA
CBHW051740090426
42738CB00010B/2337